KARL STEINBUCH
Unsere manipulierte Demokratie

KARL STEINBUCH

Unsere manipulierte Demokratie

Müssen wir mit der linken Lüge leben?

2., ergänzte Auflage

BUSSESEEWALD

1. Auflage 1985
2. Auflage 1985

Alle Rechte vorbehalten
© Verlag Busse+Seewald GmbH
Herford 1985
Umschlag: Roland Israel
Satz und Druck: Busse-Druck, Herford
Bindearbeiten: Großbuchbinderei Röck, Weinsberg
Printed in Germany

ISBN 3-512-00723-6

INHALT

1. Die »Modernität« ist gescheitert!

    Das Narrenschiff 10
    Der Zusammenstoß mit der Wirklichkeit 11
    Veranstaltete Verrücktheiten 12
    Die Zukunft hat schon begonnen, ganz anders zu werden 13
    Wir müssen wieder die altmodische Vernunft suchen 15

2. Der manipulierende Unverstand

    Gespenster sind nicht greifbar 18
    Die historische Erfahrung 19
    Realitätsverlust und Verantwortungslosigkeit 21
    Manipulation 25
    Wie der »Spiegel« mit unserer Demokratie umgeht 26
    Wo nun das Salz dumm wird . . . 31

3. Die manipulierte Demokratie

    Die neue Zweiklassengesellschaft 36
    Ökologie als Teufels-Austreibung 41
    Volkszählung '83 43
    Die Nachrüstung 47
    »Sonthofen« als Zeitzeichen 49
    Die Krise unseres bürgerlichen Staates 52

4. Ein persönliches Bekenntnis

    Wie ich zum Neo-Konservativen wurde 56
    Kurskorrektur 57
    Die schändliche Feigheit 58
    »Herrschaftsfreie Kommunikation« 59

5. Die meisten Prognosen sind falsch!

    Die »Futurologie« 64
    »Grenzen des Wachstums« und »Global 2000« 65
    Der produzierte Pessimismus ist nicht folgenlos! 67

6. Prinzip Hoffnung und Apokalypse
 Der Mensch lebt in einer gefährlichen Welt 72
 Mutwillig erzeugte Ängste 74
 Wie diese apokalyptischen Visionen schaden 76

7. Empfindung ohne Verstand
 Die neue Irrationalität 82
 Das psycho-pathologische Phänomen 85
 Symbolisierung 86
 Neo-Mystizismus 89
 Die Kettenreaktion des Irrationalismus 92

8. Mensch und Technik
 Warum Technik betrieben wird 94
 Der Mensch als Werkzeugmacher 94
 Die Befriedigung menschlicher Bedürfnisse 95
 Technik als Erkenntnisquelle 99
 Industriegesellschaft und »nachindustrielle« Gesellschaft 101
 Schäden durch die Technik 106
 Für Rationalität beim Umweltschutz 110
 Die »technische Perversion der Medizin« 113

9. Mensch und Information
 Die Blindheit vor der Information 122
 Zur Geschichte der Information 123
 Die Informationsgesellschaft 127
 Orwells Warnung von 1948 und die Realität von 1984 130
 Denkmodelle 133
 Der begrenzte Mensch in der Informationsflut 134
 Maßlos informiert 138
 Der Verlust der Erfahrung 139
 Der normierende Einfluß allgemein benutzter
 Klassifikationssysteme 140

10. »Wissenschaft für den Frieden«
    Europa auf dem Pulverfaß 144
    Die Interessen unseres Volkes 149
    Was Wissenschaft beitragen könnte 150
    Die Asymmetrie und ihre leichtfertige Vergrößerung 154

11. Heimat als informationelle Notwendigkeit
    Einleitung 160
    Heimat und Utopie 161
    Die »Hinterfrager« und Hans Alberts
    »Münchhausen-Trilemma« 162
    Die Identifikation mit der »Heimat« 166
    Über unser Angewiesensein
    auf geschichtliche Erfahrung 168

12. Über die Verantwortung für die Kriminalitätsopfer
    Kriminalität erzeugt Unglück 172
    Ordnung als Notwendigkeit 174
    Zuwendung und Liebe 175
    Die fehlende Identifikation 176
    Konflikttheorie und Pessimismus 178
    Verantwortung 179
    Nobelpreis schützt nicht vor Torheit 184

13. Die mißbrauchte Freiheit
    Hoffnung und Mißbrauch 190
    Manipulation einst und jetzt 191
    Was Insider sagen 192
    »Ausgewogenheit« 195
    »Herrschaftsfreie Kommunikation« 197
    Gedankenverbrecher 198
    Macht ohne Geist 202

14. Warum haben wir keine Nobelpreisträger (mehr)?
    Nobelpreise kennzeichnen den wissenschaftlichen Rang   204
    Begabung und Forschungsmittel fehlen nicht!   206
    Bildung ohne Leistungsanreiz   208
    Die unkreative Universität   209
    Die Verwilderung des Zeitgeistes   215

15. Plädoyer für Elite-Universitäten
    Über die Notwendigkeit von Eliten   218
    Wissenschaftliche Elite   221
    Der beklagenswerte Zustand unseres Bildungswesens   223
    Die fehlende Kreativität   223
    Elite-Universitäten   224
    Bildung braucht begeisternde Ziele!   225

16. Die rechte Zukunft
    Uns hat die Realität überfallen   230
    Krieg oder Frieden?   231
    Der Mensch lebte immer mit Gefahren   232
    Die Bringschuld der Erfahrenen   232
    Unhaltbare Anklagen   234
    Der verlorene Leistungswille   236
    Die »Weltwerkstatt«   238
    Entdeckungen und Erfindungen   241
    Plädoyer für Selbständigkeit   243
    Deutsche Identität heute   245
    Stolz auf unser bürgerliches System   247
    Des Menschen Angewiesensein
    auf Vertrauen und Glauben   248

1. Die »Modernität« ist gescheitert!

Das Narrenschiff
Der Zusammenstoß mit der Wirklichkeit
Veranstaltete Verrücktheiten
Die Zukunft hat schon begonnen, ganz anders zu werden
Wir müssen wieder die altmodische Vernunft suchen

Das Narrenschiff

Es ist ja nun schon fünfzig Jahre her, daß wir den Boden langweiliger Vernunft verließen und das Schiff der Narren bestiegen, die uns ins Unglück führten.
Man meinte, wir hätten hieraus etwas gelernt. Nein! Man hat hieraus gar nichts gelernt. Auch ohne den Druck brauner Kolonnen, einfach verführt durch die Verheißungen verantwortungsloser Meinungsmacher besteigen wir wieder das Narrenschiff der Irrationalität. Es wird uns wieder ins Unglück führen! Leute ohne Verstand und Perspektive wollen unseren Kurs bestimmen – und es schert sie nicht, daß sie ständig Unheil anrichten. Vernunft wird ersetzt durch Irrationalität, der Wohlstand vom Neid zerfressen, Wissenschaft verfällt in einen neuen Mystizismus, Schönheit wird verdrängt durch Kult der Häßlichkeit, soziale Verantwortung durch rücksichtslose Erzeugung von Unglück, Umweltschutz durch Teufelsaustreibung, die Erhaltung von Frieden und Freiheit durch eine Gefühlsduselei, die Frieden und Freiheit gefährdet.
Unsere Demokratie – nach entsetzlichen Irrtümern und dem totalen Zusammenbruch des Deutschen Reiches uns zugefallen – wurde zur manipulierten Demokratie, zu einem unglaubwürdigen Schauspiel, in dem wenig nach dem Willen des Volkes – aber viel nach dem Willen eines allmächtigen Meinungskartells geschieht.
Die Aufklärung – die einst mit rationaler Kritik und dem Ausgang des Menschen aus seiner selbstverschuldeten Unmündigkeit begann – wird durch eingeredete Verstehensillusion und Mystizismus rückgängig gemacht.
Die irrationale Bewegung, die unser gutes politisches System mal wieder kaputt und unser Land unregierbar machen will, steigt – nach eigenem Bekunden! – auf wie einst die Nazi-Partei.

Und die Deutschen nehmen das – fünfzig Jahre nach Hitler! – hin mit einem idiotischen Lächeln im Gesicht. Und sie werden – wenn es mal wieder zu spät ist! – erneut versichern, daß sie es gar nicht so gemeint haben. Eigentlich hätten sie Widerstand geleistet.

Der Zusammenstoß mit der Wirklichkeit

»Ein Gespenst geht um in Europa – das Gespenst des Kommunismus!« verkündete Karl Marx im vorigen Jahrhundert. Sein Gespenst sollte – so meinte er – Humanität und Gerechtigkeit bringen.
Es geht jetzt nicht mehr um: Es ist an Bürokratie, Mauer und Militarismus gestorben.
Das alte Gespenst hat aber noch ein neues Gespenst gezeugt: Die »Modernität«, die glauben machte, sie spräche im Namen einer unabänderlichen Zukunft, der wir uns – wohl oder übel – unterwerfen müßten; die uns den Fortschritt, mehr Demokratie, mehr Bildung und mehr Lebensqualität versprach, das »Prinzip Hoffnung« anempfahl und den »Mut zur Utopie«.
Sie – zu deren Ruhm einst Präsidenten, Poeten und Professoren antraten, zu deren unkritisierbarer Herrschaft sich ein mächtiges Meinungskartell verbündet hatte, die einst unwidersprochen Fernsehprogramme füllte, die kein Philosophieprofessor hinterfragte und der kein Minister widersprach – ist mit der Realität zusammengestoßen, rundum gescheitert.
Modernität – das sind Versprechungen vorher und Ausreden nachher. – Die Modernität hat keine einzige ihrer zahllosen Versprechungen eingehalten:
– Sie versprach mehr Demokratie – aber sie gab unkontrollierte Macht an Funktionäre und Meinungsmacher,

- sie versprach mehr Bildung – aber sie verwüstete Schulen und Universitäten,
- sie versprach mehr Lebensqualität – aber sie verwirtschaftete deren Grundlagen,
- sie versprach Entspannung – aber sie schwieg zur sowjetischen Überrüstung,
- sie propagierte den Mut zur Utopie – aber sie führte von einer Sackgasse in die nächste,
- sie wollte Strukturen aufgeben, um Werte zu erhalten – aber sie konserviert jetzt die Strukturen, die ihr Profit versprechen,
- sie kam einst mit imposanten Programmen – aber sie sucht jetzt (grundsatzlos wie ein Lumpensammler) nach Mehrheiten irgendwo,
- sie versprach einst Hoffnung – aber sie erzeugt jetzt apokalyptische Ängste.

Veranstaltete Verrücktheiten

Was wurden im Namen dieser angeblichen »Modernität« in unserem Lande an Verrücktheiten veranstaltet!
- Da wurden Recht und Ordnung lächerlich gemacht und Konflikte allerorten entzündet,
- da wurden Heerscharen Unbegabter an unbezahlbare Universitäten verführt, um sie dort für Berufe auszubilden, in denen sie nicht gebraucht werden,
- da wurde unsere einst hochwertige Wissenschaft zwischen Bürokratie und Ideologie zermahlen,
- da wurde der Leistungswille, der unser Volk einst auszeichnete, lächerlich gemacht und zerstört.

Die Zukunft hat schon begonnen, ganz anders zu werden

Die Zukunft hat schon begonnen, ganz anders zu werden, als die Modernität ankündigte.
Die kulturelle – oder antikulturelle – Situation, in die sie uns geführt hat, verglich W. Kraus mit der Situation vor der Französischen Revolution – Nihilismus damals, Nihilismus heute:

»... man kleidete sich gern als Mitglied der Unterwelt, künstlich abgerissen, fleckig und verkommen, ... die Magie des Extrems, die Verführung, die alles Äußerste übt: wir Immoralisten – wir sind die Äußersten ... ob von links durch Sozialismus und Kommunismus oder von rechts durch den Nationalsozialismus – man kam von den einmal freigewordenen wilden Irrationalismen nicht mehr los. Nicht nur die Ablehnung formeller Konventionen, sondern die Negation von fundamentalen Gesetzen, von Ordnung, von Humanität und Liberalität überhaupt hatte bereits zu weit um sich gegriffen ...
In der Politik, der Wirtschaft, der Gesellschaftsordnung, in den Schulen, den Familien, den Kirchen, im Generationskonflikt findet man jene Tendenzen der Wertvernichtung, der Zerstörung, Selbstzerstörung, Selbstaufgabe, welche die meisten unserer Probleme erst unlösbar werden lassen ...
Auf den Gedanken, sie als alarmierende Symptome einer bedrohlichen Situation aufzufassen und zielbewußt den Ursachen der aufgedeckten Gefahren entgegen zu handeln, kamen nur sehr wenige.«
(W. Kraus, Nihilismus heute,
P. Zsolnay Verlag Wien/Hamburg 1983)

Besonders grotesk sind die Auseinandersetzungen um Frieden und Umweltschutz: Sie wurden zur Spielwiese moralisierender Dilettanten – Sachverstand, Nüchternheit und Rechtsstaatlichkeit haben sich da längst verabschiedet.
Die Friedenserhaltung geht man an wie eine altkluge Kindergartentante: Brave Schafe werden vom Wolf nicht gefressen.

Die Modernität erwies sich – im Gegensatz zu ihren anspruchsvollen Ankündigungen – als ganz unkreativ. Wir leben auch heute noch von Hitlers übler ideologischer Hinterlassenschaft: Es wurden keine neuen Entwürfe entwickelt. Man glaubt, die pure Umkehr seiner Unvernunft sei schon Vernunft.
Aber die Negation der Unvernunft ist wieder Unvernunft. Beispielsweise ist die totale Aufgabe unserer nationalen Identität so unvernünftig wie deren fanatische Übersteigerung.
Vernunft ist eine schmale Spitze zwischen Abgründen der Unvernunft.
Unsere gegenwärtigen Meinungsmacher und Staatspoeten sind gänzlich leer. Von ihnen kommt nur ein seitenverkehrtes Oberflächenbild.
Welche politischen Folgen der modernistische Kampf gegen die Ästhetik hat, beschrieb R. W. Eichler in seinem Buche »Die Wiederkehr des Schönen«:

> »Es wird leichtfertig verkannt, daß die promodernistische Machtausübung, gegen Vernunft und Geschmack, in der Bevölkerung Zweifel an der Existenz einer wahrhaft freiheitlichen und demokratischen Ordnung in unserem Lande nährt.«

Wir müssen wieder die altmodische Vernunft suchen

Nach dem Zusammenstoß und Kollaps der Modernität müssen wir wieder die Vernunft, die altmodische, suchen: Die Vernunft, in der sich Sachverstand und historische Erfahrung zusammengefunden haben – und die uns besser in die Zukunft führt als das unglaubwürdige Gespenst »Modernität«, das jetzt im Sterben liegt oder gar schon tot ist.

2. Der manipulierende Unverstand

Gespenster sind nicht greifbar
Die historische Erfahrung
Realitätsverlust und Verantwortungslosigkeit
Manipulation
Wie »Der Spiegel« mit unserer Demokratie umgeht
Wo nun das Salz dumm wird . . .

Gespenster sind nicht greifbar

Das Gespenst »Modernität« ist nicht greifbar – es ist nur eine Ideologie – eine Medien-Ideologie: An ihr kann sich kein praktisch Handelnder orientieren – mit ihr kann man nur Rundfunkprogramme, Zeitungen und Magazine füllen und unseren Mitbürgern Ideen eingeben, die Schaden anrichten.
Kompetente Kritiker (H. Klages) diagnostizierten schon eine »Schizophrenie« – eine Widersprüchlichkeit zwischen dem Weltbild, das unsere Mitbürger aus ihrer unmittelbaren Lebenserfahrung gewinnen und dem Weltbild, das ihnen die Medien eingeben.
Ein Beispiel hierfür sind die total verschiedenen Meinungen über die Ärzte: »Unser Doktor« zwar ist gut – aber schlecht sind die »Halbgötter in Weiß«, vor denen man davonrennen sollte.

Andere Beispiele:
- Die Technik wird in der Praxis gerne angenommen – von der Modernität jedoch verteufelt,
- die Anwesenheit der Amerikaner in unserem Lande wird von den meisten Mitbürgern dankbar gesehen – von der Modernität aber häufig verdächtigt,
- der Optimismus ist für jedwede kreative Praxis notwendig – aber die Modernität verbreitet ständig rabenschwarzen Pessimismus.

Während das Gespenst »Kommunismus« ein umfassendes und ausformuliertes Programm hat, fehlt der Modernität ein solches gänzlich. Aber das ist für die ideologische Auseinandersetzung eher ein Vorteil: Ein schlechtes Programm kann man kritisieren – aber ein Gespenst kann man nicht greifen.
Angesichts eines fehlenden Programms tut man sich schwer

mit Kritik an dieser »Modernität«: Kann man den Kommunismus durch Verweis auf seine Folgen treffen, kann die »Modernität« ständig ausweichen: Dies oder jenes haben wir doch gar nicht gemeint oder gewollt – was wir tatsächlich meinten oder wollten, ist viel besser als das, was jetzt durch Irrtum oder Bosheit aus unserer großen Idee gemacht wurde.
Aber gegenwärtig liegen so viele Wirkungen der »Modernität« vor, daß man sie – auch ohne offizielles Programm – durchaus eingrenzen und kritisieren kann.

Ihre wesentlichen Mängel sind:
1. Das Unverständnis der historischen Erfahrung als notwendige Erkenntnisquelle,
2. der Realitätsverlust – und
3. die Orientierung am publizistischen Erfolg.

Die historische Erfahrung

Jede ernsthafte Analyse der menschlichen Situation muß ausgehen von der informationellen Unzulänglichkeit des Menschen: Das Bewußtsein des Menschen ist quantitativ nicht ausreichend, um seine komplexe Welt verstehen zu können – er muß die Erfahrungen anderer Menschen nutzen, er ist zwingend auf Überlieferung und Vertrauen angewiesen. (Siehe hierzu Abschnitt »Mensch und Information«.)
Die Forderung der Aufklärung »*sich seines Verstandes ohne fremde Leitung zu bedienen*« führt letztlich in die Irre – die Fanatiker der Aufklärung stoßen schließlich immer mit der Realität zusammen.
Besonders deutlich begründete dies der Nobelpreisträger F.

A. Hayek (in seinem Vortrag »Evolution und spontane Ordnung« am 5. 7. 83 in Zürich), als er drei Quellen der Moral ausmachte:

»Zunächst der eingeborene Instinkt, am anderen Ende die bewußte rationale Erfindung von zweckmäßigen Verhaltensregeln und in der Mitte, bei weitem am wichtigsten und am wenigsten verstanden, eine Tradition, die sich langsam entwickelte, die niemals bewußt geschaffen wurde, aber die sich durch einen Entwicklungsprozeß erhalten und entwickelt hat, der vom Prozeß der biologischen Entwicklung jedoch verschieden ist ...

... die Vorstellung eines Entwicklungsprozesses, durch den komplexe Strukturen im menschlichen Leben gebildet wurden, geht zurück bis ins Altertum, wo die römischen Juristen und die römischen Sprachtheoretiker sich völlig bewußt waren, daß sie es mit komplexen Strukturen zu tun haben, die den Verstand des Menschen weit überschreiten.«

Eine spezielle historische Erfahrung ist hochaktuell: Die bürgerliche Freiheit ist zwingend auf die Erhaltung von Recht und Ordnung angewiesen. Umgekehrt: Die Zerstörung von Recht und Ordnung ist kein Zeichen von Liberalität, sondern von Anti-Liberalität.
Dies wußte schon Platon vor mehr als zweitausend Jahren:

»Das extreme Trachten nach dem,
was in der Demokratie als gut gilt,
stürzt die Demokratie.«
(Platon, Der Staat, Buch VIII)

Realitätsverlust und Verantwortungslosigkeit

Die Ferne des Modernismus zur naturwissenschaftlich-technisch-ökonomischen Erfahrung, kurzum: sein Realitätsverlust ergab sich zwangsläufig aus dem ideologischen Mutterboden, aus dem er herausgewachsen ist: Da war die alte Trennung von naturwissenschaftlich-technischer Intelligenz und literarischer Intelligenz (die C. P. Snow als die »zwei Kulturen« bezeichnete), ferner der fanatische Kampf gegen die »Technokraten« und ihren Sachverstand.
Für diesen unbeirrbaren Realitätsverlust hat Odo Marquard ein treffliches Etikett gefunden: »Inkompetenzkompensationskompetenz«.

Der Realitätsverlust der Modernisten kann an vielen Beispielen gezeigt werden, z. B.:

Da verkündete Carl Amery:

»Die Logik des Überlebens der Menschheit erfordert deshalb die raschestmögliche Zerstörung des Industriesystems, und zwar fast um jeden Preis.«

Die Folgen einer solchen Zerstörung des Industriesystems wären eine enorme Arbeitslosigkeit, Absinken des Lebensstandards und Zerstörung unserer Umwelt durch hungernde und frierende Menschen – die fünf Milliarden Menschen unserer Erde könnten nicht erhalten werden.

Da wurde verkündet, man wolle
»die Belastbarkeit der Wirtschaft prüfen«.

Jetzt haben wir das voraussehbare Prüfergebnis: Millionen Arbeitslose.

Sind das nicht Symptome einer verkommenden, realitätsfernen Intellektualität, welche die Folgen ihres Tuns weder versteht noch verantworten kann, die sich nur an ihrer Virtuosität im Umgang mit der Sprache berauscht – wobei das Wort »Virtuosität« gerade nicht mit »Tugend« zusammenhängt?

Die Modernisten meinen, der Wohlstand unseres Landes beruhe auf der »Ausbeutung« anderer Länder – die Leistungen beispielsweise von W. v. Siemens, G. Daimler, C. Benz, R. Bosch usw. sind ihnen offensichtlich unbekannt.

Daß die Leistungen unseres Landes auch den unterentwickelten Ländern nützen, zeigt beispielsweise die Mineraldüngung J. v. Liebigs oder die Arbeit des deutschen Arztes Dr. Bilharz, der die schreckliche Seuche des Niltales »Bilharziose« diagnostizierte.

Aber der realitätsferne »Modernismus« versteht den Nutzen der hochwertigen Technik weder für unser eigenes Land noch für andere Länder.

Die Modernisten verstehen nichts von ökonomischen Zusammenhängen – auch wenn sie ständig mit solchen agitieren. Typisch hierfür ist ein Leserbrief, den J. Starbatty (Professor für Volkswirtschaftslehre) in Entgegnung zu W. Jens (Professor für Rhetorik) schrieb (FAZ 12. 06. 1984):

Sehr geehrter Herr Kollege Jens,
in der Frankfurter Allgemeinen Zeitung vom 1. Juni 1984 las ich Ihre Solidaritätsadresse mit den streikenden Arbeitskräften und Ihren Aufruf zu Spende. Sie haben in Ihrem Aufruf so formuliert, als ob es den streikenden Arbeitskräften beziehungsweise – genauer – den die Streiks organisierenden Gewerkschaften um ein allgemeines Ziel, Beseitigung der Arbeitslosigkeit, ginge und als ob die Entscheidung des Präsidenten der Bundesanstalt für Arbeit, den vom Streik indirekt betroffenen Arbeitskräften kein Geld aus der Kasse

der Arbeitslosenversicherung zu zahlen, das Fundament der Demokratie untergrabe.

Es ist natürlich erfreulich, daß sich so große und berühmte Schriftsteller, Rhetoren, Psychoanalytiker, Politiker, Theologen, Schauspieler und Pastoren um das allgemeine Wohl bemühen. Aber ich frage mich, woher Sie alle die Sicherheit der Be- und Verurteilung in Sachverhalten nehmen, in denen Sie nicht sachkundig, sondern bestenfalls Dilettanten sind. Was würden Sie von Wirtschaftswissenschaftlern halten, die auf Ihrem Gebiet, der Rhetorik, vollmundige Erklärungen abgeben würden? Sie würden solche Adressen kommentarlos in den Papierkorb werfen – zu Recht wohl. Sie aber treten mit Ihren Schriftstellerkollegen in der Pose der »Praeceptores Germaniae« in Ihnen nicht bekannten und geläufigen Gefilden auf und wollen anderen den rechten Weg weisen.

Was würden Sie sagen, wenn Sie in der Sache unrecht hätten, wenn erzwungene Arbeitszeitverkürzung – mit oder ohne Lohnausgleich – gar nicht mehr Arbeitsplätze schaffen, sondern, im Gegenteil, Arbeitsplätze vernichten würde? Ich will Ihnen hier kein Kolleg schreiben, sondern Sie bloß zum Nachdenken bringen.

Ich habe mir erlaubt, Ihnen Schriften zu den gesamtwirtschaftlichen Auswirkungen der Arbeitszeitverkürzung beizulegen, die Sie sich vielleicht in einer ruhigen Stunde einmal anschauen könnten. Womöglich interessiert Sie besonders eine Ausarbeitung, die die Wirkungen der Arbeitszeitverkürzungen mit Hilfe des Marxschen Analyseschemas prüft. Ich erlaube mir, Ihnen das Ergebnis dieses Befundes vorab mitzuteilen: »Arbeitszeitverkürzung schadet der Wirtschaft, senkt das Einkommen und schafft Arbeitslosigkeit«.

Mit kollegialen Grüßen
Professor Dr. Joachim Starbatty

Die Vernunft sagt: Auf der Höhe der Zeit ist nicht, wer die allerneuesten Irrtümer weiterträgt, sondern, wer ihnen wohlbegründet widerspricht.

Aber die »Modernität« sagt: Auf der Höhe der Zeit ist, wer Sensationelles verkündet, man kann ja – wie Heinrich Böll meinte – »*ein Wort fallen lassen und sehen, was es anrichtet. Es kann doch nichts Schlimmes anrichten.*«

Aber ich meine, daß der Wort-Durchfall schon viel Schlimmes angerichtet hat und sozialschädlich ist. In einer Zeit der Informationsüberflutung und allgemeinen Orientierungslosigkeit gelingt es der Öffentlichkeit kaum mehr, Vernunft und Unvernunft zu scheiden – verantwortungsbewußte Autoren sollten Unvernunft gar nicht erzeugen.

Die vielbeschimpften Techniker wissen dies längst: Man darf nicht alles machen, was machbar ist. Aber andere meinen, sie dürften alles absondern, was absonderbar ist.

Wer – wie Böll –
- das »*Ende der Bescheidenheit*« verkündet, während die Schuldenlast unseres Gemeinwesens geradezu explodiert,
- zur »*Zersetzung*« aufruft, während die Kriminalität immer schneller zunimmt,
- behauptet, daß der Terroristen »*Theorien weitaus gewalttätiger klingen, als ihre Praxis ist*«, während Morde vorbereitet oder ausgeführt werden,

richtet Schlimmes an. Hierbei ist es unerheblich, ob er die Zusammenhänge nicht versteht oder ob er verantwortungslos ist.

Manipulation

Verantwortungslose Information wird nicht immer unbewußt produziert – manchmal auch raffiniert berechnend zur Manipulation unserer Mitbürger. Unter Manipulation ist – Arnold Gehlen folgend – die Kunst zu verstehen, jemanden zu einem Zweck zu gebrauchen, den er gar nicht kennt.
Ideale Demokratie beruht auf informationeller Redlichkeit – die Manipulation auf semantischem Betrug, auf dem Betrug der Öffentlichkeit durch irreführenden Sprachgebrauch.
Das Bekenntnis zum semantischen Betrug, zur beabsichtigten Manipulation, findet sich selten. Einzigartig ist Robert Jungks Bekenntnis:

> *» ... daß wir eine neue Revolutionstheorie brauchen, daß wir neue Revolutionsstrategien brauchen, die sehr oft nicht mehr das direkte Angehen der Hindernisse, sondern deren Umgehung und die allmähliche Veränderung des Klimas, die allmähliche Durchsetzung neuer Gedanken bewirken. Das ist nicht Reformismus, sondern das ist die Vorbereitung entscheidender Umbrüche. Revolution ist ein schrecklich abgebrauchter Begriff.«*
> (Vierte internationale Arbeitstagung der IG Metall, 11.–14. 4. 1972)

Die Modernität verspricht, manipulierte Menschen frei zu machen. Wie sie das macht? Sie manipuliert Menschen.
Unser Grundgesetz beruht auf der Vorstellung, politisch unabhängige Bürger könnten Vorschläge nach eigenem Ermessen annehmen oder ablehnen. Aber die Wirklichkeit ist ganz anders: Politische Meinungen werden von einer Minderheit mit Hilfe der Massenmedien der Mehrheit eingegeben.
So wird die Demokratie zur manipulierten Demokratie, zu einem synthetischen Produkt von Meinungsmachern, die sich

vielfach um die Folgen ihrer Demagogie gar nicht kümmern. Wechselnde Themen wurden großenteils von denselben Menschen und Medien getragen – und man kann hinter den wechselnden Themen eine einheitliche Absicht vermuten – bei der die Zerstörung unseres liberalen Rechtsstaates durchaus in Kauf genommen wird.

Diese einheitliche Absicht ist das, was hier als Gespenst der »Modernität« bezeichnet wird, das jetzt – nach seinem Zusammenstoß mit der Realität – unglaubwürdig wurde und im Sterben liegt.

Wie der »Spiegel« mit unserer Demokratie umgeht

Was wurden Lobeshymnen auf die Weimarer Demokratie gesungen, als es zu spät war – und wie wurde pathetisch versichert, man würde einem erneuten Anschlag auf unsere Demokratie entschlossen widerstehen!

Tatsächlich merkt man aber gar nicht, wie unsere Demokratie kaputtgemacht wird – vor allem die Loyalität zu dieser Demokratie.

Ich meine den »Spiegel«!

Mich packt jeden Montag erneut das Entsetzen bei der Vorstellung, wie – in Schulen und Hochschulen, Eisenbahnen und Straßenbahnen – Millionen gutgläubiger Mitbürger dieses zinnoberrote Paket hämischer Halbwahrheiten in sich hineinfressen.

Vor allem in den Köpfen der Jugend, die ohne psychische Stabilität – ohne Lebenserfahrung und in zeitgemäßer Unbildung – diese Halbwahrheiten schluckt, entsteht Orientierungslosigkeit: Fertige Meinungen in unfertigen Köpfen. Leserbriefe lassen dies ahnen – beispielsweise der Leserbrief der siebzehnjährigen Charlotte Lembke im »Spiegel« vom 18. 6. 1975:

»Einige alte Knacker haben bis heute nichts gelernt. Wahrscheinlich können sie nicht überwinden, daß ihnen bei Stalingrad die Fresse poliert wurde.«

Hier sei auf Fred Luchsingers Kritik am »Spiegel« verwiesen (Abschnitt 12); Wenn die Geisteshaltung des »Spiegel« zur Geisteshaltung einer deutschen Generation werden sollte!
Unser Staat sei der »zynische Staat« – aber die »kritische Jugend« wittere »den Beschiß« – verkündete R. Augstein im »Spiegel« (14/80).
Welche Demagogie!
Unser Staat ist nicht schlechter – wahrscheinlich besser – als die meisten anderen. Der Verdacht »Beschiß« entstand vor allem durch hemmungslose Diffamierung.
Der »Spiegel« spielt sich selber als Moralwächter auf, aber
- er ist gänzlich unglaubwürdig durch die Skandalisierung von Vorgängen, die bei wahrheitsgetreuer Darstellung häufig banal sind. Unerfahrene glauben an die produzierten Skandale – Erfahrene wissen, daß die berichteten Skandale häufig gar nicht in den Fakten, sondern in ihrer skandalösen Darstellung liegen.
- er ist auch deshalb unglaubwürdig, weil er – gemessen an seinen eigenen Grundsätzen – nicht bestehen kann: Er lebt davon, daß es in unserem Lande kein anderes Organ gibt, das den »Spiegel« mit derselben Hemmungslosigkeit kritisiert.
Selbst dort, wo der »Spiegel« tatsächlich Mißstände aufgedeckt hat (wie z. B. im Falle der »Neuen Heimat«), überlegt der kritische Zeitgenosse: Welche Absichten verfolgten die »Spiegel«-Leute damit?

Grotesk erschien vor allem die Agitation gegen die Volkszählung: Zeigte nicht die Erfahrung der letzten Jahre, daß der »Spiegel« über schlechterdings alles in unserem Lande total informiert ist – und dieser totale Überwacher unserer Republik spielt sich als Datenschützer auf!
Augsteins ständige Kritik an unserer politischen Wirklichkeit ergibt sich aus seiner Position am grünen Tisch ohne Verantwortung für die Folgen seines Tuns.
Ob er ein ebenso reiner Tor wie W. Maihofer (»*Im Zweifel für die Freiheit*«) ist, weiß ich nicht. Sicher aber würde er in realer Verantwortung ebenso wie jener scheitern.
In unserer Zeit glauben nun tatsächlich viele unserer jungen Mitbürger an die »Spiegel«-Ideologie und halten sie für ein Abbild der Wirklichkeit.
Diese Einstellung verstärkt der »Spiegel« auch noch: Die »amtierende Generation» habe »völlig die Orientierung verloren« und habe »Unverständnis für die alternativen Kulturbedürfnisse und -gewohnheiten der Jugendlichen« (»Spiegel« 13/80).
Meint er hierbei wohl die zunehmende Zahl an Selbstmorden und Verbrechen, den zunehmenden Rauschgiftkonsum oder die politische Apathie vieler Jugendlicher?
Für alle Zeiten wird es so bleiben: Die Alten müssen den Jungen ihre Erfahrungen weitergeben – umgekehrt geht es nicht. Und Kaspar Hauser ist kein Bildungsziel.
Die Menschen, die jetzt mit Computer und Raumfahrt leben, sind ja dieselben wie ihre Vorfahren, die einst mit Adam Rieses Rechenkünsten und mit der Postkutsche lebten – und sie brauchen für ihr Zusammenleben auch ähnliche Tugenden.
Sachliche Irrtümer könnte man Augstein nachsehen – aber seine Gleichgültigkeit – auch nach allen Erfahrungen ohne Kurskorrektur – ist verantwortungslos.
Wie unzuständig Augstein für ethische Fragen ist, zeigt sich

deutlich dort, wo er meint, über religiöse Probleme schreiben zu können.

Ein anderer, der den Menschen besser verstand, sagte einst:

»Wer ohne Sünde ist, der werfe den ersten Stein.«

Augstein ist nicht ohne Sünde – aber er wirft ständig Steine. Aufdeckung und Produktion von Skandalen allerorten – dies ist des »Spiegels« Gewerbe. Nur über sein eigenes Tun, die Folgen der Skandalisierung unseres Zusammenlebens, die Ausbeutung menschlicher Schwächen und seine eigene Arroganz schweigt der »Spiegel« gänzlich.

Wir Älteren, die wir noch wissen, wie ein demokratischer Staat von Demagogen kaputtgemacht wurde, sollten unsere Jugend eindringlich warnen: Unser Staat, der nach schwersten historischen Irrtümern aufgebaut wurde und den Vergleich mit anderen Staaten in Ost und West nicht zu scheuen braucht, ist es wert, verteidigt zu werden.

Eine groteske Selbstdiagnose lieferte der »Spiegel« (3/82) unter der Überschrift »Die deutsche Depression«:

»Unversehens wird zum Stimmungsmacher, wer die Stimmung nur beschreiben will.«

Gibt es denn irgend ein anderes publizistisches Organ, das so hemmungslos Stimmung macht wie der »Spiegel«? Hat beispielsweise der »Spiegel« nicht exaltiert über das »Geplante Inferno« geschrieben, über die Lust am Weltuntergang, die Gewaltanwendung in unserem Lande usw. – und jetzt wundern sich die »Spiegel«-Leute, daß viele vor Angst schlottern! Der »Spiegel« schrieb:

»Vergeblich halten Politiker wie Bürger nach Traditionen und Zielen Ausschau, in denen sie Identität finden könnten.«

Und beklagte das »Vakuum an Sinn und Wert«.

Haben die »Spiegel«-Leute denn nicht bemerkt, daß sie selbst es waren, die Traditionen, Ziele, Sinn und Wert zerstört haben?

Der »Spiegel« hat bei der Zerstörung der moralischen Grundlagen unserer Sozietät den Eisbrecher gespielt. Er meinte vielleicht, damit freie Bahn für Besseres zu schaffen. Aber wir sind nur eingebrochen.

Wo nun das Salz dumm wird ...*

Während in unserem Volke der Glaube an die christliche Botschaft immer schwächer wird, wird der Talar immer häufiger für dubiose Zwecke mißbraucht.
Besonders auffällig ist dies bei Demonstrationen für Umweltschutz, gegen Kraftwerksbau oder gegen Raketenstationierung. Sogar bei den Auseinandersetzungen um die 35-Stunden-Woche spielten Theologen eine närrische Rolle: War da nicht im Fernsehen zu vernehmen: »Gott ist für die 35-Stunden-Woche«?
Daß Fachleute der Volkswirtschaft im Interesse der Arbeitsuchenden – beinahe einstimmig – vor Arbeitszeitverkürzungen warnten, ging vielen gar nicht auf.
Zum Umweltschutz: Ohne Zweifel, Umweltschutz muß sein, er ist eine sittliche gebotene und mit der christlichen Botschaft wohl vereinbare Absicht. Was aber zum Schutze der Umwelt getan werden muß, ist ein kompliziertes naturwissenschaftliches und technisches Problem, das häufig die Kompetenz gutmeinender Theologen überfordert. Schärfer gesagt: Der Umweltschutz ist eine zu wichtige Aufgabe, als daß wir ihn moralisierenden Dilettanten überlassen dürften. Umweltschutz braucht Sachverstand, Nüchternheit und Rechtsstaatlichkeit.
Aber die Agitation für den Umweltschutz wird vielfach ohne diese betrieben, und so artet er manchenorts aus in eine Art Teufelsaustreibung und Systemzerstörung.
Dieser Irrationalismus ist nicht folgenlos, er führt allerorten zu falschen Entscheidungen.
Vor allem wird die Technik desoptimiert – man trifft also nicht die besten technischen Entscheidungen, sondern schlechtere.

* Auszug aus einem Vortrag, den der Verfasser am 1. 3. 1985 auf der Delegiertenkonferenz der Evangelischen Sammlung Berlin gehalten hat.

Wie viele Fehler beim Umweltschutz von gutmeinenden Ignoranten schon gemacht wurden, wird uns die Zukunft noch lehren.

Bei den Smog-Alarmen im Januar 1985 wurde wiederholt gefragt: Hätte man diesen Smog nicht dadurch vermeiden können, daß man mehr Atomkraftwerke und weniger Verbrennungs-Kraftwerke gebaut hätte?

Was haben diese Tatsachen mit unserem Thema »Wo nun das Salz dumm wird . . .« zu tun?

Ich meine dies: Umweltschutz braucht Sachverstand, Nüchternheit und Rechtsstaatlichkeit – Umweltschutz ist keine Teufelsaustreibung. Deshalb ist hier die Agitation gutgläubiger, aber inkompetenter Pastoren gänzlich fehl am Platze.

Sie ist vor allem dann fehl am Platze, wenn es zu strategisch geplanten Feldschlachten gegen Kraftwerksbauten kommt – beispielsweise in Brokdorf mit über 50 000 Demonstranten, Brandbomben, Stahlkugeln und einigen hundert verletzten Polizisten.

Ebenso fehl am Platze sind Pastoren beim Streit um den Frieden – aber auch hier spielen sie oftmals die Rolle nützlicher Idioten für politische Absichten, die sie nicht verstehen (siehe hierzu Abschnitt 10).

Hierzu wurde auch von kirchlicher Seite Bedenkenswertes gesagt. So beispielsweise von Karl Barth über die Zeit vor dem Zweiten Weltkrieg (Rühle, H., Angriff auf die Volksseele, Edition Interfrom Zürich 1984):

»Der Friede um jeden Preis, den die Welt und auch die Kirche damals wollten, war eine tief unmenschliche, aber auch tief unchristliche Angelegenheit . . . Viel Unmenschliches und Unchristliches, was nachher geschah, hätte damals, wenn die Staatsordnung im Westen rechtzeitig verteidigt worden wäre, verhältnismäßig schmerzlos, vielleicht sogar

ohne Blutvergießen, einfach durch den Beweis bewaffneter Festigkeit verhindert werden können.«

Papst Johannes Paul II. betonte in seiner Botschaft zum Weltfriedenstag 1984:

»Derjenige, der den Frieden zutiefst will, wird sogar – so paradox dies auch klingt – jeden Pazifismus zurückweisen, der nur Feigheit oder simple Wahrung der Ruhe sein würde.«

Besonders inkompetent ist Franz Alts Versuch, unsere Probleme durch frömmelnde Sprüche zu lösen (siehe Abschnitt 10). Die Bergpredigt ist keine Anweisung zum Leben mit russischen Atomraketen!
Dieses Leben braucht Sachverstand, Nüchternheit und Rechtsstaatlichkeit. Wo aber Pastoren mit der Würde ihres Amtes für Desinformation agitieren, da schaden sie dem Frieden und der Kirche.
Es ist beklagenswert, daß sich die Evangelische Kirche immer mehr in die Verwirrungen des Zeitgeistes verstrickt – ich möchte Günter Bading zustimmen (»WELT« 23. 1. 1985):

»Mit dem schlichten Wort, daß dieses oder jenes Thema – Raketen, Atomkraft, Umweltschutz, Nicaragua, Konsumterror oder Vormacht des Kapitals – ›uns alle angeht‹, wird jede Frage nach der Zulässigkeit kirchlicher Befassung, jede Kritik, jeder Anspruch auf das Recht, anders zu denken, beiseite gedrängt . . .
Die Institutionen werden in Frage gestellt; ob Staat, ob Gesellschaftsstrukturen, ob Kirche. Selbst Gott wird ›hinterfragt‹. Anhängerinnen feministischer Theologien beten um die Rückkehr der Göttinnen, schließlich muß Gott ja eine Mutter gehabt haben. Der Glaube, die Verkündung ist zur Alibifunktion heruntergespielt.«

Lassen Sie mich kurz so zusammenfassen:
1. Wer aktuelle politische Probleme – wie Umweltschutz oder Friedenserhaltung – ohne ausreichenden Sachverstand angeht, der richtet möglicherweise Schaden an, ohne Probleme zu lösen. Der notwendige Sachverstand kann nicht durch Glauben ersetzt werden.
2. Die zahllosen Irrtümer der Pastoren stärken den Glauben nicht – sie wecken eher die Häme: *Die* bringen uns auch nichts Gescheites!
3. Schließlich:
   Die Würde einer Religion zeigt sich an ihrer Festigkeit gegenüber Irrtümern des Zeitgeistes.

3. Die manipulierte Demokratie

Die neue Zweiklassengesellschaft
Ökologie als Teufels-Austreibung
Volkszählung
Die Nachrüstung
»Sonthofen« als Zeitzeichen
Die Krise unseres bürgerlichen Staates

Die neue Zweiklassengesellschaft

Wir haben ein Grundgesetz, das Meinungsfreiheit garantiert und hatten eine Kulturrevolution, die »Emanzipation« und »herrschaftsfreie Kommunikation« versprach – aber man kann mit guten Gründen daran zweifeln, daß es mit unserer Meinungsfreiheit weit her ist.
Unser Volk ist gegenwärtig beherrscht von einer engen Ideologie, die vorschreibt, was man meinen darf und was nicht, was man sagen darf und was nicht.
Beispielsweise darf man gefahrlos unserer Nation jedwede Schlechtigkeit andichten – aber man darf nicht sagen, daß es verrückt ist, wenn sich Millionen Fremder mit Kind und Kindeskind in unserem übervölkerten Lande niederlassen und damit die Lösung unserer ökologischen und kulturellen Probleme erschweren.

> *»Jedes Volk hat das Recht und die Pflicht, sein kulturelles Erbe zu verteidigen und zu erhalten«* – sagte die UNESCO.

Wenn dies aber ein Deutscher tut, dann wird er diffamiert.
Vor allem darf man nicht sagen, daß wir im Zustand reduzierter Rechtsstaatlichkeit leben, in dem ein Meinungskartell von »Spiegel«, »Stern« und »Zeit« jedes politische Problem – sei es nun der Umweltschutz, die Volkszählung oder die Nachrüstung – durch eine pseudo-religiöse Massenbewegung entscheiden und rechtsstaatliche Grundsätze außer Kraft setzen kann.
Unsere angeblich meinungsfreie, emanzipierte Demokratie ist voll von Zwängen, über die zu sprechen geradezu selbstmörderisch ist. Sprechen wir also über die bürgerliche Gesellschaft unter dem Druck einer unbürgerlichen Meinungsmache!
Hierzu müßte man mit einer Erklärung des Begriffes »bürgerlich« beginnen. Aber – so selbstverständlich dieser Begriff auch scheint – so schwer tut man sich mit seiner Definition.

Professor Ernst Nolte versuchte mit seinem Buche »Was ist bürgerlich?« (Klett-Cotta-Verlag, Stuttgart 1979) eine Klärung und ging dabei von folgenden gängigen Vorstellungen aus:

» ... bürgerliche Ideologien verfehlen die Klassenstruktur, bürgerliche Wissenschaft ›hinterfragt‹ ihre Gegenstände nicht, der bürgerliche Lebensstil wird von der Jugend verworfen, der bürgerliche Staat ist eine besonders heimtückische Form der Herrschaft, die bürgerliche Gesellschaft der westlichen Industriegesellschaften basiert auf der Ausbeutung der Dritten Welt.«

Als eigentlichen Widerpart der Bürgerlichkeit sieht Nolte den »anarchistischen Utopismus«. Ich möchte dem hinzufügen: Die bürgerliche Gesellschaft wächst aus der praktischen Lebenserfahrung heraus – sie hält wenig vom Aufbau theoretisch konstruierter Strukturen und kann deshalb auch nicht radikal sein. Theoretisch konstruierte Sozialstrukturen suchen ihre Vollendung in der Radikalität – die Bürgerlichkeit sucht sie im Kompromiß.
Bürgerlichkeit wird von den Theoretikern wenig geliebt – allerdings leben viele von ihnen sehr gerne in der theoretisch so unvollkommenen Bürgerlichkeit. Die real existierende Bürgerlichkeit ist ihnen lieber als der real existierende Sozialismus.
Und ihr Ziel ist nicht selten unsere – theoretisch so ungeliebte – Bundesrepublik Deutschland, die nach schwersten historischen Irrtümern von verantwortungsbewußten Männern wie Konrad Adenauer, Ludwig Erhard, Theodor Heuss und Carlo Schmid aufgebaut worden war und durch ihr Grundgesetz und die Soziale Marktwirtschaft bestimmt ist.
Typisch ist gerade die Soziale Marktwirtschaft, deren theoretische Begründung unzulänglich ist, die aber einen enormen Vorzug hat: Sie funktioniert, sie funktioniert vorzüglich und

schuf unseren Mitbürgern einen hohen Wohlstand und viel persönliche Freiheit.
Unsere Gesellschaft zerfällt immer mehr in zwei Klassen:
– deren eine arbeitet und Verantwortung trägt,
– deren andere kritisiert und keine Verantwortung trägt.

Mit H. Schelsky gesagt:

»Die Arbeit tun die anderen.«

Alexis de Tocqueville beklagte in seinem Buche »Der alte Staat und die Revolution«:

»Wie die Schriftsteller um die Mitte des 18. Jahrhunderts die ersten Politiker des Landes wurden, und welche Wirkungen daraus hervorgingen.«

J. A. Schumpeter kritisierte schon vor vierzig Jahren: Die Intellektuellen üben Macht aus – obwohl sie keine praktische Erfahrung haben und keine Verantwortung tragen.
Aber in unserer Zeit haben sich die Möglichkeiten der Meinungsmache noch wesentlich vergrößert.
Neuerdings entstanden meinungsmachende Industrien, die praktisch keine Verantwortung für die Folgen ihres Tuns tragen – und oft auch nicht empfinden – welchen Wahrheit und Moral nichts bedeuten.
Wenn einer vor der Fernsehkamera oder vor dem Mikrofon sitzt, dann hält er sich leicht für kompetent, über alles in dieser Welt zu urteilen. Aber er irrt: Kamera und Mikrofon schaffen nur die Möglichkeit, über alles zu urteilen – sie schaffen noch lange nicht den Verstand hierzu!
Und das Recht auf Meinungsfreiheit gibt ihm keinesfalls das Recht, seine persönliche Meinung über Monopol-Medien zu verbreiten.
Daß es Menschen gibt, welche die komplexe Gesellschaft nicht

verstehen, muß hingenommen werden. Unerträglich ist es aber, wenn diese Unverständigen unser Zusammenleben nach ihren wirren Vorstellungen ummodeln wollen (siehe Abschnitt »Der manipulierende Unverstand«).
Eine brisante Vermutung veröffentlichte E. Noelle-Neumann nach der Bundestagswahl 1976: Die Vermutung, diese Wahl sei letztlich durch das Fernsehen entschieden worden (Politische Vierteljahresschrift, 18. Jg. 1977, Heft 2–3). Hier finden sich u. a. folgende Thesen:

»Indirekte Wirkung durch Formung der Wahrnehmung von Umwelt«.
»Die politische Grundstimmung von Journalisten und Bevölkerung fiel ungewöhnlich weit auseinander«.
»Bei stärkerem Kontakt mit politischen Fernsehprogrammen verändert sich die Einschätzung des Meinungsklimas zugunsten der SPD/F.D.P.-Koalition«.

Interessant war die Behandlung bzw. Nichtbehandlung dieser Vermutung in den Massenmedien: Teils wurde sie totgeschwiegen, teils so getan, als ob es sich hier um eine absurde Außenseitermeinung handle, über welche die seriöse Wissenschaft längst hinweggeschritten sei. Davon ist aber gar keine Rede!
Viele politische Entscheidungen der letzten Jahre wuchsen nicht aus demokratischen Mehrheiten heraus, sondern waren das Ergebnis einer Meinungsmache durch Minderheiten.
Typisch hierfür ist die Feststellung des schwedischen Professors Gustav Korlén, ohne die in der Gruppe 47 zusammengeschlossenen Literaten *»wäre Willy Brandt nicht Bundeskanzler geworden«.*
Andererseits wäre Dr. Filbinger ohne die Kampagne mancher Medien zweifellos Ministerpräsident geblieben. Wer die Tatsachen und ihre Verdrehung nicht kennt, dem sei das kürzlich

erschienene Buch »Hans Filbinger – ein Mann in unserer Zeit« (Dießen 1983) empfohlen. In ihm ist beispielsweise dokumentiert, wie Dr. Filbinger sich unter persönlicher Gefahr für Verurteilte eingesetzt hat.
Ernst Hirsch, jüdischer Strafrechtslehrer, schrieb: »*Es fehlt der Geist eines Emile Zola, der das Unrecht, das man Hans Filbinger angetan hat, auf die Gasse schreibt.*«
Typisch für die Meinungsmache im wirtschaftlichen Bereich ist, was Professor Helmut Schoeck sagte:

> *»Über zahllose Kanäle und in vielen Medien, von Predigt zu Parteitag, von Schulbuch zu Fernsehfilm bemühen sich heute viele um die Erzeugung eines allgemeinen Eindrucks, einer unterschwelligen Stimmung.*
>
> *Die Meinung nämlich, daß die Marktwirtschaft und ihre Unternehmer überhaupt nur ein notgedrungen noch geduldetes Übel seien. Die ›Gesellschaft‹ habe den Unternehmern nur bedingt die Befriedigung der Nachfrage seitens der Bevölkerung übertragen. Die einzig und allein soziale, dem ursprünglichen Gesellschaftszustand entsprechende Wirtschaft sei hingegen die Umverteilungs- und Zuteilungswirtschaft der linken Ökonomen.«*

Am übelsten hat diese Meinungsmache unserer Jugend mitgespielt: Ihr wurde einst alles Wünschbare versprochen – mehr Lebensqualität, mehr Bildung und mehr Demokratie – und dies alles ohne Anstrengung und Leistung. Daß diese Versprechungen unerfüllbar waren, konnte man mit ein bißchen Lebenserfahrung schon damals voraussehen. Jetzt, nachdem sich die Unerfüllbarkeit dieser Versprechungen in der Praxis herausgestellt hat, flüchtet sich unsere Jugend in den Haß gegen die Alten, in Anarchie, Rauschgiftsucht und Fanatismus.
Geradezu unerträglich ist es, wie die Schuldigen von einst sich

jetzt – angesichts der Uneinlösbarkeit ihrer damaligen Versprechungen – in immer neue Versprechungen flüchten und unserer Jugend immer neuen Schaden zufügen.

Ökologie als Teufels-Austreibung

Die »alternative« Bewegung illustriert, wie leicht in unserem Lande an sich vernünftige Absichten zu unvernünftigen Zwecken mißbraucht werden können. Zweifellos: Umweltschutz muß sein. (Der Verfasser hat sich – wohl lange vor Gruhl und Eppler – öffentlich hierfür eingesetzt.) Der Zustand unserer Luft, Gewässer und Wälder erfordert rasches und wirksames Handeln. Aber was aus dieser Notwendigkeit politisch gemacht wurde, ist ein Lehrstück der Irrationalität:

- Der Umweltschutz wurde nicht als kompliziertes naturwissenschaftlich-technisches Problem nüchtern angegangen, sondern mit der Irrationalität einer Teufels-Austreibung.
- Der Umweltschutz wird als Brecheisen zur Systemzerstörung mißbraucht.

Die Massenmedien zeigen den idealistischen Kampf der »alternativen« Bewegung und die Uneinsichtigkeit ihrer Gegner, welche die Notwendigkeit des Umweltschutzes angeblich nicht begreifen. Die Frage, wovon die sechzig Millionen Menschen unseres ressourcenarmen Landes leben sollen, wird hierbei nicht gestellt.

Auf unseren Rechtsstaat wird bei den Auseinandersetzungen um den Umweltschutz nicht geachtet. Aber die Umwelt braucht ebenso wie der Bürger den Schutz des Rechtsstaates.

Der Irrationalismus ist nicht folgenlos – er führt allerorten zu falschen Entscheidungen, beispielsweise:

- Aufbau modischer Anlagen zur Energiegewinnung oder Energieeinsparung, deren Herstellung oft mehr Energie braucht, als mit ihnen jemals erzeugt oder eingespart werden kann.
- Energiepolitik unter Berufung auf den Umweltschutz derart, daß Kraftwerkstypen aufgebaut werden, die besonders umweltschädlich sind.

Niemand weiß bisher zuverlässig, welches die Ursachen für das »Waldsterben« sind: Manche vermuten Schwefeldioxyd-Emissionen, andere Stickoxyde, wieder andere Ozon usw.
Aber alle ernstzunehmenden Vermutungen zielen auf Verbrennungsvorgänge, kaum eine glaubwürdige auf Kernreaktionen. So könnte es sich schließlich herausstellen, daß das Glaubensbekenntnis der »alternativen« Bewegung »*Atomkraft – nein danke!*« wesentlich zum »Waldsterben« beigetragen hat.
Kennzeichnend für den Irrationalismus ist auch das Aufkommen des »Ökosozialismus«, der uns mit Argumenten des Umweltschutzes die Unvermeidbarkeit einer sozialistischen Organisation unserer Gesellschaft und Wirtschaft einreden will.

Dem ist entgegenzuhalten:

1. Es gibt keinen Zweifel daran, daß unsere liberale Organisation von Wirtschaft und Technik viel effizienter ist, mit weniger Material und Energie mehr produziert und damit die Umwelt auch weniger belastet.
2. Glaubwürdige Berichte aus den »sozialistischen« Ländern zeigen übereinstimmend, daß dort der Umweltschutz kaum beachtet und gegenüber rigoroser Planerfüllung vernachlässigt wird.

Einer bürgerlichen Haltung entspräche es, den Umweltschutz als ein naturwissenschaftlich-technisches Problem zu verstehen, dessen Lösung viel Sachverstand, Nüchternheit und Rechtsstaatlichkeit braucht – und auch viel Zeit, bis sich die Erfolge der Anstrengungen zeigen. Für die unbürgerliche Meinungsmache ist dies ein pseudoreligiöser Kampf, bei dem Andersdenkende unschädlich gemacht, Teufel ausgetrieben werden müssen.

Volkszählung '83

Die Auseinandersetzungen um die Volkszählung 1983 waren beherrscht von einer wirklichkeitsfremden Demagogie und grotesken Verdrehung unserer Interessen:

1. Die von den Volkszählungsgegnern vorgebrachten »Gefahren« wurden publizistisch weit überzogen – das sind großenteils Übertreibungen einer zynischen Publizistik, kaum jedoch Proteste empörter Mitbürger.
2. Bei der Abwägung wurden die Nachteile für unser Gemeinwesen weit unterschätzt, wenn nicht gar ignoriert.
3. Die realen Nachteile durch die Volkszählung sind minimal im Vergleich zu dem, was Staatsbürgern andernorts unwidersprochen zugemutet wird – z. B. durch unsere Steuergesetze.
4. Die beschworenen Gefahren beruhen teilweise auf einer Mystifikation des Computers und der Informatik – Ängsten vor Orwells »1984«, welche durch die Realitäten unseres Staates kaum begründbar sind.

Vor allem anderen sei jedoch dieses festgestellt: Die Volkszählung ist keine böswillige Erfindung irgendeiner reaktionären

Regierung, sondern entspricht einer seit Jahrhunderten geübten praktischen Notwendigkeit, ferner Empfehlungen der Vereinten Nationen, der Europäischen Gemeinschaft, parlamentarisch einwandfrei beschlossenen Gesetzen (Volkszählungsgesetz 1982, Bundesrat Drucksache 86/81 vom 20. 02. 1981) und Beratungen, an denen nicht nur staatliche Instanzen, sondern auch Vertreter der Hochschulen, wirtschaftswissenschaftlicher Institute, der Landwirtschaft, der gewerblichen Wirtschaft und der Gewerkschaften beteiligt waren: Noch »demokratischer« kann ein Vorhaben nicht beschlossen sein!

Wer die Vorarbeiten zu diesem Gesetz kennt, der ist beeindruckt von der Vielfalt der Überlegungen, um mit minimalem Aufwand ein Maximum zuverlässiger Daten für eine erfolgreiche Politik zu schaffen: Für Stadtplanung und Wohnungsbau, Raumordnung, Energiepolitik, Sozialplanung (BaFöG, Sozialhilfe, Wohngeld), Bildungsplanung (Kapazität von Kindergärten, Schulen, Hochschulen), Arbeitsmarktpolitik und Berufsausbildung (Berufsberatung, Lehrlingsausbildung, Aufstiegsmöglichkeiten), Verwaltung (Wahlkreise, Sitze in Vertretungsorganisationen).

Die Volkszählungsgegner agitierten mit einem pathologischen Mißtrauen gegen unseren Staat und seine Beamten.

Aber es stellt sich doch die Frage, ob unser Staat eigentlich nicht mehr Vertrauen verdient als beispielsweise der »Stern«?

Auch staatliche Instanzen dürfen Daten nur zu wohldefinierten Zwecken benutzen: Der Grundsatz der Zweckbindung verhindert den Mißbrauch statistischer Angaben und schützt Persönlichkeitsrechte. Ausnahmen von diesem Grundsatz bedürfen einer gesetzlichen Regelung, verbunden mit einer entsprechenden Aufklärung der Auskunftspflichtigen.

Was man jetzt nachträglich beklagen kann – die unzureichende öffentliche Aufklärung – ist nicht den zuständigen Politikern anzulasten. Deren sorgfältige Vorbereitung (z. B. der amtlichen Begründung zum Volkszählungsgesetz 1983) wurde von der meinungsmachenden Publizistik nicht verbreitet. In dieser amtlichen Begründung waren die mit der Erhebung verbundenen Zwecke ausführlich dargestellt worden. Aber die meinungsmachende Publizistik griff das Thema erst auf, als Sensationen gewittert wurden.

Dies ist symptomatisch für weite Bereiche unserer Publizistik: Die Anstrengungen staatlicher Instanzen werden ignoriert oder gar diffamiert, die Agitationen staatsfeindlicher Demagogen jedoch hochgejubelt. Große Teile der hiesigen Publizistik argumentieren regelmäßig gegen die Interessen unseres Staates.

Die beschworenen Gefahren beruhen teilweise auf einer Mystifikation des Computers – und der Informatik – und einige Informatik-Professoren haben da eifrig mitmystifiziert.

Typisch hierfür ist, was K. Brunnstein in dem rororo-Bändchen »Die Volkszählung« fabuliert hat: Da gibt es einen »Datendschungel«, »lianenhafte Verbunde«, »Lecks im Datentopf« und »Datenschatten«. Unheilschwanger stellt er die Frage: Bedeutet etwa »größtmöglicher Aufwand« den Auftrag an eine Detektei zu einer jahrelangen Recherche?

Dem tief beeindruckten Nicht-Informatiker stellt der weniger beeindruckte Informatiker anheim, Brunnsteins fürchterliche Ahnungen auf die altmodische Situation zu übertragen, wo es überhaupt keine Datenverarbeitung und keine Volkszählung gibt und dann erneut zu fragen: Was kann aus einer solchen altmodischen Verwaltung durch eine jahrelange raffinierte Recherche *nicht* herausgeholt werden?

Und gibt es überhaupt ein System aus Menschen oder Automaten, das nicht irgendwann einmal einen Fehler macht?

Bei den jahrelangen juristischen Auseinandersetzungen um die Gefahren der Atomenergie hat sich schließlich die Erkenntnis durchgesetzt, daß keine Art von Energieversor-

gung jemals »absolute Sicherheit« bringen kann und deshalb dem auf Energieversorgung angewiesenen Bürger ein gewisses Restrisiko zugemutet werden muß.
Bei den Auseinandersetzungen um die Volkszählung und den Datenschutz muß man entsprechend davon ausgehen, daß keine Art von Verwaltung jemals absolute Sicherheit bringen kann und deshalb auch dem auf Verwaltung angewiesenen Bürger ein gewisses Restrisiko zugemutet werden muß.
Dieses ist vergleichbar dem Risiko, das die Benutzer des Telefons tragen, daß ihr privates Gespräch unbefugt abgehört und dann publiziert wird. Aber sollten wir deshalb auf das Telefon verzichten?
Hat unser Staat eigentlich nur die Pflicht, alle hier versammelten Menschen zu alimentieren, nicht aber das Recht, deren Zahl und Anwesenheit zu registrieren?
Grotesk ist, welche Bagatellen von den Volkszählungsgegnern als Verletzung der Menschenwürde dargestellt wurden. Haben diese Leute denn noch nie eine Steuererklärung abgegeben? Das Steuerrecht greift ja viel tiefer in die Privatsphäre ein!
Interessant ist der Satz (»Spiegel« 8/1983):

» ... Sanktionen, etwa gegen illegal anwesende Ausländer und andere Gesetzesbrecher, wollen sich die Gemeinden, trotz ›Nachteilsverbot‹ ... nicht verwehren lassen.«

Der normale Bürger fragt erstaunt: Ist es denn ein »Nachteil« im Sinne unserer Gesetze, wenn rechtswidrig geforderte oder gewährte Vorteile eingestellt werden? Und er fragt: Sind wir Steuerzahler eigentlich Melkkühe, die jedermann ungeprüft melken kann?
W. Burghard, Direktor des Landeskriminalamtes Niedersachsen schrieb (»Welt« 18. 12. 1982):

»Ich beklage den inzwischen eingetretenen Zustand, daß ein mit Haftbefehl gesuchter Straftäter in unserem Land öffentli-

che Leistungen in Anspruch nehmen, Steuerrückzahlungen empfangen, Kraftfahrzeuge anmelden und alle möglichen Lizenzen erwerben kann, also völlig unbehelligt bleibt, solange er nur nicht die Dummheit begeht, ausgerechnet einem Polizeibeamten in die Arme zu laufen.«

Die Verfassungsbeschwerde gegen die Volkszählung 1983 schließt mit dem bemerkenswerten Hinweis auf die noch unzureichende Artikulationsfähigkeit der Betroffenen.
Angesichts der unglaublichen Demagogie, die vor allem im »Spiegel« und »Stern« betrieben wurde, sollte man die noch unterentwickelte Artikulationsfähigkeit der Mehrzahl rechtlich denkender Bürger stärken: Wir wollen uns von diesen Demagogen nicht schon wieder unseren guten demokratischen Staat kaputtmachen lassen – weder durch Getrampel von rechts noch durch Vergiftung von links.

Die Nachrüstung

Angesichts der enormen sowjetischen Überrüstung entschloß sich die NATO – angeregt durch den damaligen Bundeskanzler H. Schmidt – zum »Doppelbeschluß«: Zuerst mit den Vertretern der UdSSR über Abrüstung zu verhandeln – bei Mißerfolg der Verhandlungen aber nachzurüsten.
Diese Vorgehensweise ist im Interesse des Friedens in Europa vernünftig – eine bessere wurde noch nirgends vorgeschlagen. Aber der Kampf gegen diesen Doppelbeschluß wurde in unserem Lande zu einem pseudo-religiösen Kreuzzug gemacht, der unseren Interessen und dem Frieden schwer schadet.

Die Auswüchse dieser »Friedenskampagne« sind bekannt. Wir erinnern beispielsweise, wie Böll und Bastian mit Heldenmut und Baskenmütze auf der Straße sitzen, und wie Grass zur Wehrkraftzersetzung aufruft. Ich möchte aber ausdrücklich darauf hinweisen, daß diese Kampagne die Chancen der Abrüstungsverhandlungen verringert! Stellen wir uns die Verhandlung vor: Auf der einen Seite die Sowjets, die Hunderte von SS 20 auf uns gerichtet haben und mit dem gegenwärtigen Zustand durchaus zufrieden sind. Auf der anderen Seite die Vertreter der NATO, welche die Bedrohung Mitteleuropas beseitigen möchten und versuchen, die Sowjets durch die angedrohte Aufstellung der Pershing II und Marschflugkörper zum Abbau der SS 20 zu bewegen. Aber diese Verhandlungen können doch zu gar keinen Erfolgen – zum Abbau der SS 20 – führen, wenn die Sowjets täglich erfahren, daß die angekündigte Aufstellung durch ideologische Bewegungen in unserem Lande verhindert wird.
Ich meine, solche Kampagnen sind tatsächlich gegen unsere Interessen gerichtet – gegen die Erhaltung unserer Sicherheit und des Friedens. – Hierzu stellte ein Informationsblatt der Bürgerinitiative »Aktion Funk und Fernsehen« (Spichernstraße 34a, 5000 Köln 1) fest:

»Öffentlich-rechtliche Sendeanstalten, die von den Gebührenzahlungen von Millionen verfassungstreuer Bürger getragen werden, schüren offen den Aufstand gegen den Rechtsstaat und machten sich zum Propagandainstrument für die sogenannte Friedensbewegung – allen voran Franz Alt mit seinem im nachhinein vom Rundfunkrat für rechtswidrig erklärten Report-Beitrag vom 22. 03. 1983. Die ›Aktion Funk und Fernsehen‹ hat in ihrem Protestschreiben ... an die Intendanten von ARD und ZDF zahlreiche solche Sendungen aufgeführt, mittels derer der ›heiße Herbst‹ psychologisch vorbereitet wurde. Immer mehr Fernsehredak-

teure betrachten offenbar die Anstalten als ihren Privatsender.«

Alts intellektuelle Unzulänglichkeit hat Manfred Hättich mit seinem Buch »Weltfrieden durch Friedfertigkeit?« (Olzog-Verlag München 1983) deutlich gemacht. Franz-Josef Rinsche unterschied in seinem Buche »Nur so ist Frieden möglich« (Seewald Verlag Stuttgart 1984) Franz Alts Träume und die menschliche Realität (siehe hierzu auch Abschnitt 10).

»Sonthofen« als Zeitzeichen

Wenn typische Meinungsmacher das Stichwort »Sonthofen« hören, dann wissen sie Bescheid: In Sonthofen hat Franz Josef Strauß seine Maske fallen lassen und sein »wahres Gesicht« eines bösen Politikers gezeigt.
Ich bin durchaus nicht dieser Meinung: Ich habe die Vorgänge um die Sonthofener Rede genau untersucht – und ich meine, diese signalisieren etwas ganz anderes: Wie hemmungslos in unserem Lande Meinungen manipuliert werden.
Was Ministerpräsident Strauß am 19. November 1974 auf der »Sonnenalp« bei Sonthofen tatsächlich gesagt hatte, erscheint rückblickend als eine zutreffende Warnung vor unseren gegenwärtigen – vor allem wirtschaftspolitischen – Schwierigkeiten. Diese Rede enthielt zwei wichtige Aussagen:

1. Die eindringliche Warnung vor der weiteren Zerrüttung der Staatsfinanzen mit ihren unübersehbaren Folgen – und
2. die Feststellung, daß beim gegenwärtigen Zustand unserer

öffentlichen Kommunikation diese Warnung nicht beim Mitbürger ankommt und deshalb auf seine unmittelbare bittere Erfahrung gesetzt werden müsse.

Zwei Zitate mögen dies illustrieren:

> *»... daß wir erst am Anfang der großen Krise stehen; ... daß die Zerrüttung der Staatsfinanzen unaufhaltsam weitergeht mit unübersehbaren Folgen ...«*
>
> *»... die Krise muß so groß werden, daß das, was wir für die Sanierung notwendig halten, dann auf einem psychologisch besseren Boden beginnen kann als noch heute. Noch heute leben die meisten über ihre Verhältnisse. Noch heute haben sie nicht begriffen, wie ernst die Situation ist.«*

Dies kann man von »Sonthofen« lernen: Warnungen, die den Massenmedien nicht gefallen, nutzen nichts, auch wenn sie noch so gut begründet sind; die Öffentlichkeit muß das Unheil am eigenen Leib erleben.

»Sonthofen« war ein Skandal – aber der Skandal war nicht Straußens, sondern unseres Medienbetriebs: »Sonthofen« bewies das Nichtfunktionieren unserer öffentlichen Kommunikation.

Daß die Diffamierung vom politischen Gegner ausging, ist verständlich – wie diese aber von einem großen Teil der Medien weiterverbreitet wurde, war schockierend. Da war nichts zu merken von rationaler Auseinandersetzung und kritischem Bewußtsein – da wurde lediglich diffamiert.

Herbert Wehner im Bundestag: *»Strauß ist geistig ein Terrorist.«*

In der Sozialdemokratischen Presse-Korrespondenz am 11. 03. 1975: *»Was Strauß seinen Parteifreunden einzuprägen versucht, ist der Grundstoff, aus dem bereits zahlreiche Diktaturen entstanden sind.«*

Henry Nannen schrieb im »Stern«: *»Baader, Meinhof, Strauß –*

es muß nun erlaubt sein, diese Namen in einer Reihe zu nennen.«

Das Handelsblatt diagnostizierte am 26. 11. 1975 einen »*Wahlkampf mit dem Gespenst von Sonthofen – Diffamierung als strategisches Konzept*«.

Der »Rheinische Merkur« schrieb am 29. 03. 1975 unter der Überschrift »*Statt Wahlkampf eine Hetzkampagne*«: »*Der sozialistisch-liberalistischen Koalition sind die Sachargumente ausgegangen. Sie sollen durch eine Hetzkampagne gegen die Person von Franz Josef Strauß ersetzt werden.*«

In der »Berliner Morgenpost« schrieb J. Stolpmann am 27. 03. 1975: »*Je mehr Zeit seit der Veröffentlichung der Sonthofener Strauß-Rede vergeht, je öfter man den Text liest, um so weniger fühlt man sich von den Meditationen des CSU-Chefs über die Krise der Bundesrepublik und die Möglichkeit ihrer Lösung geschockt. Und umso mehr erschreckt die brutale, dennoch einstudierte Wucht der Kampagne, die gegen ihn ausgelöst wurde.*«

Die »Sonthofener Rede« und die anschließende publizistische Kampagne war Gegenstand mehrerer Rechtsstreite – wobei Straußens Gegner nicht eben glänzend abschnitten.

So mußte sich beispielsweise die Industriegewerkschaft Metall vom Oberlandesgericht München in einem Urteil vom 08. 12. 1980 vorwerfen lassen, ihr Zitat ist »*verfälschend, weil es aus dem Sinnzusammenhang gerissen wurde*« und »*in ein solches Zwielicht braucht sich der Autor nicht rücken zu lassen*«.

So mußte sich beispielsweise der »Stern« – wo »Baader, Meinhof, Strauß« zu lesen gewesen war – vom Hanseatischen Oberlandesgericht in einem Urteil vom 04. 12. 1975 zurechtweisen lassen.

Die politische Kultur eines demokratischen Rechtsstaates zeigt sich daran, daß jedermann seine Meinung frei sagen kann und sich aus der Vielzahl der vorgebrachten Meinungen *in* rationalen Diskussionen die »beste« durchsetzt und zur Grundlage politischen Handelns gemacht wird.

Hierauf beruht letztlich die Überlegenheit einer freien Gesellschaft über reglementierte Gesellschaften, in denen nur noch das in die öffentliche Diskussion eingebracht werden kann, was dem vorherrschenden Dogma entspricht.

Die Krise unseres bürgerlichen Staates

Die Grundsätze unseres politischen Systems sind bestimmt durch sein Grundgesetz, in dessen Artikel 20 sich findet:

> *»Alle Staatsgewalt geht vom Volk aus. Sie wird in Wahlen und Abstimmungen und durch besondere Organe der Gesetzgebung, der vollziehenden Gewalt und der Rechtsprechung ausgeübt. Die Gesetzgebung ist an die verfassungsmäßige Ordnung, die vollziehende Gewalt und die Rechtsprechung sind an Gesetz und Recht gebunden.«*

Aber wichtige politische Entscheidungen – Energiepolitik, Friedenspolitik, Volkszählung usw. – entstehen neuerdings unter dem Druck ideologischer Bewegungen, die das Grundgesetz überhaupt nicht vorsieht und die unsere demokratische Ordnung schnell zerstören können.

Man sollte auch dies nicht vergessen:
- Militante Demonstrationszüge mit Barrikaden, brennenden Autos und Plünderungen auf unseren Straßen.
- Hausbesetzungen und Zurückweichen staatlicher Instanzen vor offensichtlichen Rechtsbrüchen.
- Schwere Straßenschlachten bei Rekrutenvereidigungen.

- Strategisch geplante Feldschlachten gegen Kraftwerksbauten, z. B. in Brokdorf mit über 50 000 Demonstranten, Brandbomben, Stahlkugeln und einigen hundert verletzten Polizeibeamten.
- Terroristische Morde – z. B. an Schleyer, Ponto, Buback und Karry u. a.

Wenn man diese Vorgänge im Zusammenhang sieht, dann erkennt man, daß unser politisches System in einer schweren Krise steckt – und daß die Versicherung *»Bonn ist nicht Weimar!«* voreilig ist.

Hier zeigt sich eine geistige Fehlentwicklung: Man identifiziert sich nicht mehr mit unserem Gemeinwesen und diffamiert oftmals jede staatliche Ordnung als »faschistisch«.

Diese fehlende Identifikation mit unserem Gemeinwesen ist der Ausgangspunkt vieler anderer Fehlentwicklungen – beispielsweise der rapide zunehmenden Kriminalität (siehe Abschnitt 12).

4. Ein persönliches Bekenntnis

Wie ich zum Neo-Konservativen wurde
Kurskorrektur
Die schändliche Feigheit
»Herrschaftsfreie Kommunikation«

Wie ich zum Neo-Konservativen wurde

Der Verfasser macht keinen Hehl daraus, daß er einst selbst den modernistischen Ideen anhing, die er jetzt als abwegig bekämpft. Hierfür zeugt beispielsweise sein im Jahre 1968 erschienenes Buch »Falsch programmiert« (Auflage mehrere hunderttausend) und sein öffentliches Eintreten für Brandt bei der Wahl im Jahre 1969.
Dann aber habe ich meinen politischen Kurs rasch korrigiert – und zwar aufgrund konkreter Tatsachen:

- Brandts Regierungserklärung 1969 schockierte mich: So redet doch kein verantwortungsbewußter Politiker: Der verspricht Dinge, die er gar nicht halten kann.
- Nachdem uneinhaltbare Erwartungen geweckt worden waren, geriet die Wirtschaftspolitik in ein gefährliches Fahrwasser: Da gab es Tarifabschlüsse, die unsere Wirtschaft nicht verkraften konnte.
- Unsere Universitäten verwilderten: Rechtsstaatlichkeit und Rationalität wurden durch eine chaotische Ideologie und Terror verdrängt. Ich schrieb an Brandt – damals der Mann mit der größten politischen Autorität – mehrere offene Briefe und beschwor ihn, dieser Zerstörung unserer Universitäten entgegenzutreten. Aber Brandt war nicht ansprechbar: Er war auf dem Trip in das modernistische Nirwana. Diese offenen Briefe wurden in vielen Zeitungen veröffentlicht, sie sind auch enthalten in dem Buche »Die humane Gesellschaft« (Seewald-Verlag, Stuttgart 1972).
- Dazu kam noch die Einsicht, daß eine Ideologie, welche die Unzulänglichkeit des Menschen und sein Angewiesensein auf Verantwortung und Vertrauen nicht kennt, solche Fehler immer wieder machen wird und deshalb in aller Zukunft nichts Gutes von ihr zu erwarten ist.

Man kann mir also nicht vorwerfen, ich wäre voreingenommen gewesen. Allerdings habe ich mich rechtzeitig distanziert. Für mich trifft zu, was Irving Kristol gesagt hat: *»Ein Neo-Konservativer ist ein Liberaler, den die Realität gebeutelt hat.«*

Kurskorrektur

Die Gründe für meine Kurskorrektur habe ich in dem Buche »Kurskorrektur« (Seewald-Verlag, Stuttgart 1973) dargestellt:

> Des guten Lebens überdrüssig und auch leichtfertig
> gerieten wir auf diesen Kurs,
> der so viel versprach,
> uns aber kein besseres Leben
> und mehr Gerechtigkeit brachte,
> nur mehr Klassenkampf und mehr Haß
> und (wie ich fürchte) zunehmendes Chaos.
> Diesen Kurs müssen wir korrigieren.
>
> Die reden schon offen vom Marsch auf Bonn,
> sie wollen eine andere Republik,
> die wir nicht haben wollen:
> Wo Demokratie aus Megaphonen kommt
> und man in Spiegelschrift denkt.
> Dort halten dann Funktionäre
> Menschen ohne Knochen und Schließmuskel
> freischwebend in lauwarmer Nährlösung.
>
> Hiergegen leiste ich Widerstand:
> Daß wir uns selbst
> mit Wörtern über die Wirklichkeit betrügen,

daß wir uns der Kompetenz
der Inkompetenten beugen
und im Bauche eines Trojanischen Pferdes
die schiefe Ebene hinabjubilieren,
deren Ende wir nicht sehen.

Die schweigende Mehrheit
soll sich nicht länger für dumm verkaufen lassen,
sie soll das Geschäft mit der Verantwortungslosigkeit
nicht länger honorieren,
sondern sich endlich stellen.
Sie soll aus der Geschichte lernen
und den Kurs korrigieren,
solange sie ihn noch korrigieren kann.

Ich habe meine Kurskorrektur öffentlich begründet. Dies halte ich für ein Gebot publizistischer Hygiene – verächtlich sind Leute, die jahrzehntelang modernistische Ideen verbreiten und dann – klammheimlich – beginnen, von »Ligaturen« zu reden und verschleierte konservative Bekenntnisse abzulegen. Jeder Mensch hat das Recht auf Irrtum – aber er muß sich auch dazu bekennen.

Die schändliche Feigheit

Durch diese persönliche Entwicklung habe ich einige Kenntnisse der geistigen Verfassung der Modernisten und der Bürgerlichen. Die einen lesen, diskutieren und exponieren sich – die anderen leben im bürgerlichen Mief und sind häufig zu feige, ihre eigenen – besseren – Grundsätze tatkräftig zu verteidigen.

Respekt vor dem »Studienzentrum Weikersheim«, in dem sich Menschen zusammengefunden haben, um für die Erhaltung der geistig-moralischen Grundlagen unseres guten politischen Systems einzutreten!
Die Manipulation unseres guten politischen Systems ist nicht nur eine Folge der modernistischen Angriffe, sondern mehr noch der schändlichen Feigheit derer, die unser gutes politisches System eigentlich verteidigen müßten.
Sie warteten passiv auf die »Trendwende« – von Aktivität zur bewußten Kurskorrektur war wenig zu merken.

»Herrschaftsfreie Kommunikation«

Die Publizistik hat sich weitgehend der modernistischen Ideologie ergeben. Und wer sich nicht widerspruchslos der Disziplinierung unterwirft, der erfährt das Gegenteil von »herrschaftsfreie Kommunikation«: hemmungslose Diffamierung.
Hierfür möchte ich zwei – mich betreffende Beispiele – vorführen:
Im »Spiegel« Nr. 47 vom 20. 11. 1978 schrieb G. Wolff über mein Buch »Maßlos informiert« u. a.:

> *»Obwohl Steinbuch ansonsten ein enragierter Partisan der Wettbewerbsgesellschaft ist, glaubt er, daß man den Gefahren der wissenschaftlich-technischen Entwicklung nur mit planwirtschaftlichen Mitteln beikommen kann ...«*

Da dies im totalen Gegensatz zu den Aussagen meines Buches steht, schrieb ich einen Leserbrief an den »Spiegel«:

> *»Ein Autor hat bekanntlich keinen Anspruch darauf, in einer Rezension fair behandelt zu werden. Aber er hat einen*

Anspruch darauf, daß seine Sachaussagen nicht auf den Kopf gestellt werden. Genau dies trifft auf Georg Wolffs Rezension meines Buches ›Maßlos informiert‹ zu. ...

»Tatsächlich findet sich in dem Buche auf Seite 244 eine deutliche Ablehnung dieser planwirtschaftlichen Mittel: › ... ist TA ein überwiegend planwirtschaftliches Instrument, das theoretische General-Lösungen gegen praktische Erprobung setzt. Sie ist das Gegenstück zur Entdeckungsstrategie der Marktwirtschaft‹.«

Im privaten Briefwechsel bestätigte mir G. Wolff zwar, daß er sich um eine Richtigstellung bemüht habe, dies jedoch nicht durchsetzen konnte.
Wenn ein Medium auf einen offensichtlichen Irrtum hingewiesen wird und ihn nicht richtigstellt, dann wird aus dem Irrtum eine Lüge.
In der »Stuttgarter Zeitung« war am 17. 11. 1972 zu lesen:

»Studentenspende für Professor Steinbuch

Mit 420 Rollen Toilettenpapier, die für den Erlös einer Geldsammlung gekauft wurden, wollen Karlsruher Studenten ›zur Alterssicherung‹ von Professor Karl Steinbuch beitragen. Zu dieser Geldsammlung hatten Studenten aufgerufen, nachdem der Bestsellerautor, der sich in einer öffentlichen Erklärung von der SPD distanziert hat, in einem Zeitungsinterview beklagt hatte, seine ›bescheidenen Einkünfte‹ aus seinen Buchveröffentlichungen, die er auf Sparkonto angelegt habe, seien in zehn Jahren nur noch die Hälfte wert; er habe umsonst gearbeitet. Bei der Sammlung waren insgesamt 115 Mark gespendet worden. Bevor die Summe dem Professor, der an der Universität Karlsruhe das Institut für Nachrichtenbearbeitung und Nachrichtenüber-

tragung leitet, übergeben werden konnte, hatte Steinbuch darum gebeten, die Summe der Wählerinitiative der SPD zu überweisen, für die er selbst bereits gespendet habe.
Die Studenten ließen sich auf diesen Vorschlag jedoch nicht ein, sondern kauften das Toilettenpapier, das gestern vor den AStA-Räumen aufgebaut wurde. Die Spende sollte dem Professor in seiner Vorlesung übergeben werden. Da diese Vorlesung ausfiel, soll die Übergabe nachgeholt werden. Bei der Sammlung waren als ›Sachspenden‹ unter anderem auch eine Dose Mortadella, eine Knoblauchzehe, Kaugummi und eine Plakette ›Bürger für Brandt‹ abgeliefert worden.«

Daß diese Meldung von sachlichen Fehlern strotzt, ist unerheblich. Daß sie vom akademischen Mob ungeprüft übernommen worden war, möge die »Stuttgarter Zeitung« mit ihrem eigenen Selbstverständnis ausmachen. Daß sie aber die Realitäten auf den Kopf stellte, sei deutlich festgestellt: Kurz bevor die »Stuttgarter Zeitung« mich als geldgierigen Reaktionär anprangerte, hatten die »VS-Informationen« (Organ des »Verbandes Deutscher Schriftsteller«) in ihrer Ausgabe vom Oktober 1972 auf Seite 8 bereits berichtet:

»*Professor Karl Steinbuch hat den ihm verliehenen Deutschen Sachbuchpreis in Höhe von DM 10 000,– dem Förderkreis deutscher Schriftsteller e.V. zur Verfügung gestellt, der dieses Geld in Not geratenen älteren Schriftstellern verteilt hat. Der VS dankt.*«

Ingeborg Drewitz vom »Verband deutscher Schriftsteller« schrieb mir in einem Brief:

»*Dank für die Überweisung der für unsere Kollegen erklecklichen Summe, Dank auch für den Ausdruck von Kollegialität!*«

Über derartige Dinge pflegte man früher nicht zu sprechen – tue Gutes und schweige darüber! – aber nach solchen Diffamierungen, wie sie die »Stuttgarter Zeitung« verbreitete, muß man doch darüber reden.

5. Die meisten Prognosen sind falsch!

Die »Futurologie«
»Grenzen des Wachstums« und »Global 2000«
Der produzierte Pessimismus ist nicht folgenlos!

Die »Futurologie«

Das Verlangen nach einer zuverlässigen Voraussage der Zukunft bestand zu allen Zeiten – aber es war wohl noch nie so stark wie in unserer Zeit: Im Strudel rascher Veränderungen sind vorausschauende Orientierungen besonders begehrt.
Um das Jahr 1952 erschien das Buch »Die Zukunft hat schon begonnen« von Robert Jungk. Es ist heute nur noch deshalb lesenswert, weil es zeigt, daß sein Verfasser die heraufziehenden Zukunftsprobleme nicht gesehen hat: Nicht die Umweltproblematik, nicht das Energieproblem, nicht die gegenwärtigen sozialen Probleme und nicht das Orwell'sche Syndrom. Wenn wir aus seiner damaligen Kompetenz auf seine heutige schließen, dann erscheint als wahrscheinlich: Von der Zukunft hat dieser »Zukunftsforscher« wenig Ahnung.
Mitte der sechziger Jahre erschien der »Gordon-Helmer-Bericht« über eine Langfrist-Vorhersage für die nächsten fünfzig Jahre (in deutscher Sprache erschienen unter dem Titel »50 Jahre Zukunft«, Mosaik-Verlag, Hamburg 1967). Er brachte umfangreiche Prognosen aufgrund intuitiver Meinungen über die Bereiche Wissenschaft, Bevölkerungstrends, Automation, Weltraum, Verhütung von Kriegen, künftige Waffensysteme.
Neben manchen – relativ banalen – Treffern finden sich hier viele Nieten: So beispielsweise für das Jahr 1984 der allgemeine Gebrauch von Lehrautomaten, eine ständige Mondbasis, bemannte Umfliegungen der Venus und des Mars (was alles nicht eintraf).
Eine Sensation brachte 1965 W. Fucks mit seinem Bestseller »Formeln zur Macht«. Er glaubte, die zukünftige »Macht« (genauer »Wirtschaftsmacht«) der Nationen prognostizieren zu können.
Nach seinen Darstellungen müßte China schon im Jahre 1980

eine größere Wirtschaftsmacht gehabt haben als die USA und die UdSSR zusammen. Daß dies nicht zutrifft, ist jetzt offensichtlich. Interessant ist, *weshalb* seine Prognosen so falsch waren. Hierfür findet man vor allem diese zwei Gründe:

1. Fucks baute seine Prognosen auf der Bevölkerungsentwicklung und der Stahlproduktion auf. Daß aber in unserer Zeit ganz andere Faktoren – vor allem die Informationstechnik – wichtiger sind, hat er nicht vorausgesehen.
2. Fucks übersah die ideologische Fehlentwicklung in der Volksrepublik China. Erst in letzter Zeit wurde die chinesische Technik von den Fesseln der Kulturrevolution befreit und soll nun rasch Anschluß an die internationale Entwicklung finden.

»Grenzen des Wachstums« und »Global 2000«

Nach »Formeln zur Macht« erschien eine ganze Reihe futurologischer Publikationen. Am bekanntesten wurde wohl das Buch »Die Grenzen des Wachstums« des »Club of Rome«, verfaßt von D. Meadows. Sein Inhalt wird von Fachleuten gegenwärtig kaum mehr ernstgenommen – selbst der »Club of Rome« greift kaum mehr auf ihn zurück. Geblieben ist aber eine tiefgreifende Verwirrung der Öffentlichkeit.
Die Schwäche dieser Publikation liegt vor allem darin, daß von einem starren Kurs der technisch-ökonomischen Entwicklung ausgegangen wird und die Möglichkeiten der zukünftigen Technik – beispielsweise des Material-Recyclings – kaum beachtet worden sind.
Gegenwärtig erzeugt der Bericht »Global 2000« eine ähnliche

Sensation wie 1972 »Die Grenzen des Wachstums«. Aber auch gegen diesen erhebt sich gewichtige Kritik. Beispielsweise schrieb der (US-amerikanische) Ökonomie-Professor Julian L. Simon (»Dialogue« 4/80):

- Viele Aussagen von »Global 2000« stimmen nicht überein mit dem, was glaubwürdigen Quellen andernorts zu entnehmen ist.
- Viele relevante Tatsachen sind positiver, als in dem Bericht dargestellt wurde.
- Die Verfasser des Berichts übersahen die Fähigkeiten des Menschen zu Problemlösungen und Innovationen, die viele der beklagten Mißstände beseitigen können.

Simon hält die Verbreitung solcher Katastrophenberichte für eine üble Umweltverschmutzung und vergleicht sie mit einem vielarmigen Drachen. Wenn einer der Arme abgehauen ist, kommt schon der nächste: Mal ist es die Quecksilbervergiftung, mal Fluorkarbon, mal DDT, mal die Erwärmung der Erdatmosphäre, mal die Abkühlung der Erdatmosphäre, mal die Gefahren der Genforschung, mal die Gefahren des Sacharins usw.
Herman Kahn schrieb über den Bericht »Global 2000«:
»Jimmy Carter wollte sich im Falle seiner Wiederwahl ab 1981 an die Spitze einer weltweiten Bewegung setzen, die eine vermeintliche Katastrophe verhindern sollte. Die Kampagne wies alle Anzeichen messianischer Ambitionen auf.«
Dies ist wohl kennzeichnend für die ganze Futurologie: Die fehlende sachliche Kompetenz wird ersetzt durch Sendungsbewußtsein und Demagogie. Mit zunehmender Seriosität nimmt der Anspruch futurologischer Aussagen rapide ab.
Bemerkenswert ist aber auch, daß wichtige tatsächlich eingetretene Entwicklungen nicht vorausgesagt worden waren.

Eine Folge des lange währenden Glaubens an unglaubwürdige Zukunftsvorstellungen ist die gegenwärtige Situation in der Bundesrepublik Deutschland, die einem Zusammenstoß mit der Wirklichkeit ähnelt.
Meine Zweifel gegenüber der Futurologie betreffen auch die sogenannte »Technology Assessment« (etwa »Technikfolgenabschätzung«): Manche Mitbürger – auch politisch Verantwortliche – meinen, es sei möglich, eine noch nicht eingeführte Technik am grünen Tisch zu bewerten.
Im Gegensatz zu dieser Vermutung zeigt die Erfahrung, daß man dies nicht kann. Ein naheliegendes Beispiel hierfür ist die Entwicklung des Automobils: Hätte man vor hundert Jahren gewußt, welche Folgen die Ausbreitung des Autos haben würde: Verkehrstote, Umweltverschmutzung, Kosten für den Straßenbau usw., dann hätte man dieses gefährliche Vehikel sicher verboten.
Aber man hat es eingeführt – und außer einigen Eiferern sind unsere Mitbürger jetzt nicht bereit, auf ihr privates Auto zu verzichten und auf irgendein öffentliches Verkehrsmittel umzusteigen.
Dieses Beispiel zeigt, daß nicht nur die Voraussage zukünftiger Entwicklungen mißlingt, sondern auch die Voraussage ihrer Bewertung.

Der produzierte Pessimismus ist nicht folgenlos!

Vor einiger Zeit fanden sich auf meinem Schreibtisch zufällig zwei ganz verschiedene grafische Darstellungen zusammen: Die eine zeigte den zeitlichen Verlauf des Optimismus in unserem Lande – so wie ihn das Institut für Demoskopie

Allensbach alljährlich ermittelt – die andere zeigte den zeitlichen Verlauf des wertberichtigten Bruttosozialproduktes der Bundesrepublik Deutschland. Die Ähnlichkeit dieser beiden Verläufe veranlaßte mich, deren Zusammenhang (»Korrelation«) zu prüfen – und siehe da, diese beiden Verläufe waren über zwanzig Jahre lang so stark miteinander korreliert, daß von einem Zufall überhaupt keine Rede sein kann. (Siehe hierzu auch E. Noelle-Neumanns Buch »Die Schweigespirale«, R. Piper Verlag, München 1980, Seite 252.)
Dabei zeigte sich etwas Überraschendes: Optimismus und wirtschaftliches Wachstum verändern sich nicht gleichzeitig, sondern zuerst kommt der Optimismus und dann das Wachstum. Dazwischen ist ein Zeitverzug von knapp einem Jahr. Unterstellt man die Zuverlässigkeit dieses Zusammenhangs, dann kann man aus der gegenwärtigen Stimmung das Wachstum ein Jahr später abschätzen.
Zwischenzeitlich hat dieser Zusammenhang auch schon praktische Anwendung gefunden: Eine große Bausparkasse prognostiziert so die Geschäftstätigkeit des nächsten Jahres.
Mit diesen Überlegungen möchte ich meine Überzeugung begründen: Leistungen wachsen aus einem optimistischen Lebenswillen!
Die meisten futurologischen Publikationen sind aber bestimmt durch rabenschwarzen Pessimismus. Typisch für diese »Kassandra-Literatur« sind die Titel:

    Das Selbstmordprogramm
    Ein Planet wird unbewohnbar
    Ein Planet wird geplündert
    Ende oder Wende
    Nach uns die Steinzeit
    Der Atomstaat.

**Optimismus und Wachstum waren immer eng korreliert:
zuerst kommt der Optimismus, dann das Wachstum!**

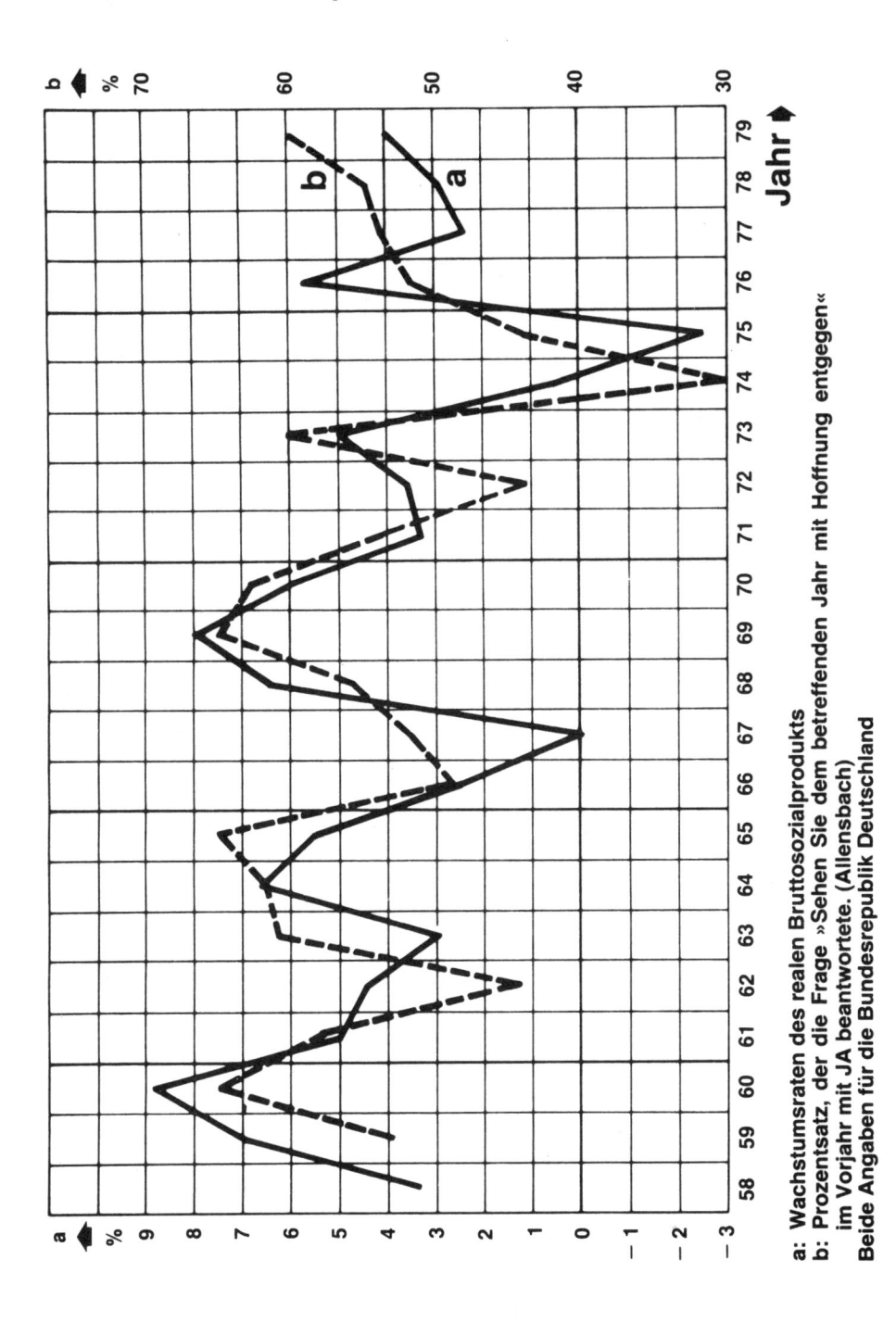

a: Wachstumsraten des realen Bruttosozialprodukts
b: Prozentsatz, der die Frage »Sehen Sie dem betreffenden Jahr mit Hoffnung entgegen« im Vorjahr mit JA beantwortete. (Allensbach)
Beide Angaben für die Bundesrepublik Deutschland

Auch wenn dieser oder jener Aspekt zutreffend dargestellt sein mag, ist dieser penetrante Pessimismus doch sozialpsychologisch schädlich.

Es ist eine Lust zu leben!« war in der Renaissance das vorherrschende Lebensgefühl. Das war die Zeit der Entdeckungen und Erfindungen, als Luthers Bibelübersetzung *der* Bestseller war. Dabei hatten die Menschen damals vor den Türken und der Pest wohl ähnliche Ängste, wie man sie heute vor den Russen und dem »Atomtod« hat.

Aber jetzt sagen viele *»no future«*, sie haben *»Null Bock auf nichts«* und glauben den neuen Propheten der Apokalypse, gegen die Hieronymus Bosch ein Stümper war.

H. Kahn schrieb in seinem Buche »Die Zukunft Deutschlands«:

> *»Deutschlands Zukunftsgefahr Nummer eins ist aber mit Sicherheit, daß übertriebener Pessimismus und/oder mangelnde Führungsbereitschaft den Zustand der ... selbsterfüllenden Prophezeiung herbeiführen können; daß dann eintritt, was heute beklagt wird.«*

Es wäre ein Akt publizistischer Hygiene, im Lichte der Erfahrung zu prüfen, wie viele grobe Desinformation in den letzten Jahren über unser Land vergossen worden ist – und auch weiterhin vergossen wird.

6. Prinzip Hoffnung und Apokalypse

Der Mensch lebt in einer gefährlichen Welt
Mutwillig erzeugte Ängste
Wie diese apokalyptischen Visionen schaden

Der Mensch lebt in einer gefährlichen Welt

Vor fünfzehn Jahren war unser Land erfüllt vom »Prinzip Hoffnung«, man versprach »mehr Demokratie, mehr Bildung und mehr Lebensqualität« und empfahl den »Mut zur Utopie«. Aber jetzt sind die Fanfaren der Hoffnung verstummt – jetzt ertönen Weltuntergangssirenen. Es sind erstaunlicherweise etwa dieselben Leute, welche einst Hoffnung machten und jetzt die Angst schüren.
Ich hielt einst wenig vom »Prinzip Hoffnung« und halte jetzt wenig von der Weltuntergangsstimmung – mir erscheinen beide als Manöver einer großangelegten Manipulation.
Um die Weltuntergangsstimmung nüchtern zu beurteilen, sollten wir erinnern, daß die Geschichte der menschlichen Art von Anfang an eine Geschichte von Katastrophen war:

- Für den Vormenschen vor etwa 20 Millionen von Jahren war es eine Katastrophe, als er von den Bäumen heruntersteigen mußte, um in der Steppe sein Leben zu fristen.

- Bei der »Sintflut« zu Ende der Eiszeit war es für viele Menschen eine Katastrophe, als der Meeresspiegel um Hunderte von Metern stieg.

- Erinnern wir weiter den Untergang des minoischen Reiches und Pompejis durch Vulkan-Ausbrüche.

- Weiter die große Pest-Epidemie in Mitteleuropa um das Jahr 1348.

- Weiter den Untergang des Maya-Reiches (vermutlich durch Boden-Erosion) und der Azteken (vermutlich durch Infektionskrankheiten).

In der Zeit vor der ersten Jahrtausendwende erwarteten viele den Weltuntergang in Erinnerung an die biblische Formulierung vom »tausendjährigen Reich«.
In den Urkunden jener Zeit findet sich oft die Formel *»Die Welt altert«* oder *»Deutliche Zeichen künden das nahe Weltende an, der Trümmer werden mehr«*. (Buch »Die Schrecken des Jahres 2000«, Klett Verlag Stuttgart 1977.)
Michelet berichtet in seiner »Geschichte Frankreichs«:

»Diese schreckliche Erwartung des Jüngsten Gerichts wuchs in den Notzeiten, die dem Jahre 1000 vorausgingen. Alle hofften, davonzukommen, gleich um welchen Preis. In diesem allgemeinen Entsetzen fanden die meisten nur im Schatten der Kirchen ein wenig Ruhe. In Scharen kamen sie und legten Schenkungsurkunden von Land, Häusern und Leibeigenen auf den Altar.«

Vor dreihundert Jahren begann H. J. C. v. Grimmelshausen seinen Roman »Der abenteuerliche Simplizissimus Teutsch« mit der Vermutung, seine Zeit sei die letzte. Seine Argumentation und sein Schreibstil sind skurril – aber doch bemerkenswert:
Er kritisiert den Verfall der sozialen Rangordnung, bei welcher gemeine Leute *»gleich Rittermäßige Herren und Adeliche Personen von uhraltem Geschlecht seyn wollen; da sich doch offt befindet, daß ihre Vor-Eltern Taglöhner, Karchelzieher und Lastträger«* waren.

Mutwillig erzeugte Ängste

In unserer Zeit werden ganz andere Gründe für den Weltuntergang vorgebracht: Der »Atomtod«, die Umweltzerstörung, die Erwärmung der Erdatmosphäre, die Abkühlung der Erdatmosphäre, die Gefahren der Genforschung, des Fluorkarbon oder des DDT – usw.
Wenn sich zeigt, daß die Gefahren unter Kontrolle oder vernachlässigbar sind, dann werden flugs neue erfunden.
Aber leider ist die Zahl ausdenkbarer Katastrophen unbegrenzt.
Und so nimmt die Kassandra-Literatur immer weiter zu – und es entsteht die »no-future«-Stimmung, von der E. Noelle-Neumann feststellt, sie bezeichne keine *allgemeine* Stimmung in den Industriestaaten, sondern eine deutsche Sondersituation. Hierbei zeigt sich auch, daß mit zunehmender Angst die Rationalität des Denkens und Verhaltens abnimmt.
Eine grauenhafte Beschreibung einer atomaren Apokalypse findet sich in J. Schells Buch »Das Schicksal der Erde« (Piper Verlag München und Zürich 1982):

> » ... *einige der Todesarten, von denen ein Mensch in einem betroffenen Land bedroht wäre. Er könnte im Feuerball oder in der Hitzewelle verbrennen. Er könnte der Kernstrahlung der Anfangsphase zum Opfer fallen. Er könnte von der Druckwelle oder den mitgeführten Trümmern erschlagen oder in den Tod gerissen werden. Er könnte eine tödliche Strahlendosis durch lokalen Niederschlag empfangen. Er könnte durch den einen oder anderen dieser Effekte verwundet werden und seinen Verletzungen erliegen, bevor er aus der verwüsteten Zone herauskommt, in der er sich befindet. Er könnte verhungern, weil die Wirtschaft zusammengebrochen ist und keine Nahrungsmittel mehr angebaut oder*

verteilt werden, könnte aber auch Hungers sterben, weil die lokalen Ernten durch Strahlung vernichtet worden sind, weil das lokale Ökosystem ruiniert oder die ganze Ökosphäre als ganze zugrundegerichtet ist. Er könnte erfrieren, weil es keine Heizung und keine Kleidung mehr gibt oder weil er kein Obdach hat. Er könnte von Menschen umgebracht werden, die es auf seine Nahrung oder seine Unterkunft abgesehen haben. Er könnte von einer Epidemie hingerafft werden. Er könnte der Sonnenstrahlung zum Opfer fallen, wenn die Ozonschicht stark beeinträchtigt wurde und er sich zu lange im Freien aufhält . . .«

»Wenn die Erde kippt« ist eine Schreckensbotschaft von G. v. Haßler (Scherz Verlag Bern und München 1981). Der Klappentext ist erschöpfend:

»Von Jahr zu Jahr erkennt die Wissenschaft deutlicher, welch sensibler Spielball elementarer, physikalischer Kräfte unsere Erde ist.
Ihre Geschichte zeigte, daß periodische Störungen im Rhythmus der Erdumdrehungen ein Kippen der Erdachse bewirken. Die Folgen sind geophysikalische, klimatische und atmosphärische Veränderungen. Meere, über denen bis dahin Eis und Polarnacht lagen, geraten unter die heißen Strahlen der Äquatorsonne, und tropische Gebiete verschwinden unter arktischen Gletschern.«

Welche Katastrophen dieses Kippen der Erdachse für die Menschen bringt, malt Haßler gründlich und gräßlich aus.

Wie diese apokalyptischen Visionen schaden

Mir sind diese apokalyptischen Visionen aus mehreren Gründen zuwider:

1. Die Dimensionen des angekündigten Grauens stehen meist in einem grotesken Mißverhältnis zu ihrer Glaubwürdigkeit. Wer *alle* denkbaren Gefahren ernst nimmt, der muß wohl verrückt werden. Man sollte bedenken: Die meisten Prognosen sind falsch – und noch kein Futurologe hat jemals die Verantwortung für die üblen Folgen seiner falschen Prognosen übernommen.
Dies gilt für die Weltuntergangsprognosen zu allen Zeiten, über des Herrn Malthus Prognose der unvermeidbaren Hungersnöte in Europa, Spenglers »Untergang des Abendlandes«, Pichts »Bildungskatastrophe«, welche die eigentliche Katastrophe erst ausgelöst hat, und Jungks »Atomstaat«, der Wald und Wirtschaft schadet.
Informationen, welche die geistige Fassungskraft der Empfänger überfordern, ermöglichen keine Problemlösungen, sondern erzeugen Hysterie.
2. Diese apokalyptischen Visionen erzeugen Pessimismus und zerstören unsere Kraft zur Lösung der tatsächlich aufkommenden Probleme.
3. Diese apokalyptischen Visionen werden demagogisch mißbraucht. Dies wird besonders deutlich an dem Umschlag von allgemeiner Hoffnung im Jahre 1970 zur allgemeinen Angst im Jahre 1984.
Es sind erstaunlicherweise dieselben Menschen, Gruppen und Medien, die einst Hoffnung machten und jetzt die Angst schüren.
Ich kann keine sachlichen Gründe erkennen, weshalb

dieselben Leute 1970 Hoffnung machen und jetzt die Angst schüren können.

Beispielsweise ist nicht recht einzusehen, daß die militärischen Gefahren jetzt wesentlich größer sein sollen als vor vierzehn Jahren: Ob die bereitstehenden Waffen nun ausreichen, um uns alle nur hundertmal oder sogar zweihundertmal zu töten, erscheint mir nicht ausreichend, um die Kehrtwendung von der Hoffnung zur Angst zu begründen. So stellt sich die Frage, ob die einst erzeugte Hoffnung und die jetzt erzeugte Angst überhaupt rational begründet werden können oder nicht schon immer der Manipulation dienten: Nachdem man den Demagogen ihre Versprechungen nicht mehr abnimmt, versuchen sie es mit Angstmacherei. Unsere Jugend wurde jahrelang überschüttet mit uneinhaltbaren Versprechungen und fällt jetzt – angesichts ihrer erwiesenen Uneinhaltbarkeit – in tiefstes Mißtrauen, Verzweiflung, Haß gegen die Alten, Anarchie, Rauschgiftsucht und Sektiererei.

Erbracht werden muß jetzt die Bringschuld der Erfahrenen: Glaubwürdige Ratschläge für ein Leben in einer gefährlichen Welt.

4. Schließlich machen diese apokalyptischen Visionen taub für wohlbegründete Warnungen.

Ich möchte hier auf einige besonders wichtige hinweisen: Konrad Lorenz hat in seinem Buche »Die acht Todsünden der zivilisierten Menschheit« auf diese Gefahren hingewiesen:

– Die Überbevölkerung der Erde
– Die Verwüstung des natürlichen Lebensraums
– Die Fehlentwicklungen im moralischen Bereich
– Der Schwund aller starken Gefühle und Affekte durch Verweichlichung
– Der genetische Verfall

- Das Abreißen der Tradition
- Die Zunahme der Indoktrinierbarkeit
- Die Aufrüstung

Pierre Chaunu schrieb (in dem oben erwähnten Buche »Die Schrecken des Jahres 2000«):

»Diese Abnahme der Geburtenrate ist dabei, die Grundlagen unserer Gesellschaft zu untergraben und wird die industrialisierte Welt von 1990 an im wahrsten Sinne des Wortes lebensunfähig machen. Wir haben in etwa 15 Jahren zerstörerischer Bemühungen die größte Katastrophe der Menschheitsgeschichte vorbereitet, eine Katastrophe, mit der verglichen die berühmte große Pestepidemie von 1348 wie eine gnädige Epoche erscheinen wird.
. . .
Am Ende kann es sogar sein, daß die Furcht vor der »Hölle des großen Altersheims« der Jahre um 2000 – wenn diese Gefahr erkannt wird – von 1985 an die Ablehnung des Lebens noch verstärkt: Wozu noch Kinder in die Welt setzen, die doch nur die ohnmächtigen Gefangenen des »großen Altersheims« sein werden, Sklaven der jungen Egoisten von heute, die sich weigerten, das Leben weiterzugeben – und die dann in einer Welt leben müssen, deren gesamte, an die Jugend gebundene Fähigkeiten zur Erneuerung erloschen sein werden?«

Ich meine, wir sollten einen existentiellen Ekel entwickeln gegenüber apokalyptischen Visionen und uns wieder der rationalen Lösung der uns tatsächlich bedrohenden Gefahren zuwenden.
Wirklich gefährlich wird es, wenn wir uns nicht mehr mit unseren eigenen Interessen identifizieren und die Fähigkeit verlieren, die Probleme erfolgreich zu lösen.

»Die Geschichte kennt gegenüber Versagern kein Erbarmen!«
(Ch. Snow)
Hierbei sollten wir auch daran denken, daß unser Land, das einst ein Wirtschaftswunder erzeugte, jetzt in Gefahr ist, zum kranken Mann Europas zu werden.
Noch am erträglichsten ist die Weltuntergangsstimmung dort, wo sie ironisch verarbeitet wird, wie beispielsweise in Nestroys »Lumpazivagabundus«, wo der verluderte Schuster Knieriem sagt:

»Freilich hat net jeder die Wissenschaft so im klein' Finger als wie ich; aber auch der minder Gebildete kann alle Tag' Sachen genug bemerken, welche deutlich beweisen, daß die Welt net lang mehr steht. Kurzum, oben und unten sieht man, es geht rein auf'n Untergang los.«

Knieriem ist überzeugt davon, daß »der Komet kommt«, und singt: » . . . *die Welt steht auf kein' Fall mehr lang, lang, lang.«*

7. Empfindung ohne Verstand

Die neue Irrationalität
Das psycho-pathologische Phänomen
Symbolisierung
Neo-Mystizismus
Die Kettenreaktion des Irrationalismus

Die neue Irrationalität

In Rousseaus »Bekenntnissen« liest man:

> »Ich empfand, ehe ich dachte. Es ist dies das gewöhnliche Los der Menschen, ich erfuhr es aber stärker als andere ... Ich hatte nichts verstanden, doch alles empfunden. Diese dunklen Bewegungen ... gaben mir wundersame und romanhafte Vorstellungen über das menschliche Leben, davon weder Erfahrungen noch Nachdenken mich je ganz haben heilen können.«

Diese psychische Verfassung – Empfindung ohne Verstand, Vorstellungen im Gegensatz zu Erfahrung und Nachdenken – verläßt in unserer Zeit mit der »grünen« Bewegung die pubertäre Entwicklungsstufe und behauptet mit professoralen Sprüchen und lautstarker Agitation Fortschritt und Zukunft zu bringen. Dabei helfen ihr einflußreiche Mitstreiter – so z. B. Carl Amery, der den Bestand der Menschheit durch Abschaffung des Industriesystems sichern möchte (möglicherweise bei vollem Lohnausgleich).

Das Ziel der »grünen« Bewegung ist vordergründig der Umweltschutz – aber tatsächlich engagiert sie sich bei den verschiedensten Gelegenheiten. Sucht man das Gemeinsame all dieser verschiedenen Aktivitäten, dann findet man kaum etwas anderes als die Irrationalität – die Empfindung ohne Verstand. Ihr Kampf gegen die »Etablierten« ist der Kampf gegen die kulturellen Erfahrungen, die uns eine lange geschichtliche Entwicklung gebracht hat, der Kampf gegen die Rationalität, welche Empfindungen kontrolliert.

Mit dieser »grünen« Bewegung nahmen die politischen Auseinandersetzungen in unserem Lande eine andere – eigentlich bekannte – Form an:

- Im Rahmen der Rationalität kann sich das bessere Argument eines einzelnen gegen verbreitete Irrtümer durchsetzen. Die Rationalität ist das Instrument der Aufklärung.
- Aber mit der »grünen« Bewegung wird alles zur Auseinandersetzung zwischen Freund und Feind – zur Massenwirkung und Schlammschlacht und es entsteht schließlich die »*Diktatur der Inkompetenz*« – wie es G. Bastian sachkundig bezeichnet hat.

Ältere erinnern sich, daß mit diesem Stil vor fünfzig Jahren schon einmal die Irrationalität in unserem Lande an die Macht kam.

Auch die Provokation des Parlaments durch Erscheinungsbild und Verhalten hat ihr historisches Vorbild vor fünfzig Jahren.

Um allen Fehldeutungen vorzubeugen, sei dies ganz deutlich gesagt:

- Umweltschutz ist notwendig.
- Aber wir können vom Umweltschutz nicht leben.
- Deshalb muß ein rationaler Kompromiß zwischen Ökonomie und Ökologie gesucht werden.
- Dies braucht Sachverstand, Nüchternheit und Rechtsstaatlichkeit – kurzum: Rationalität.

Aber ich warne vor der kulturellen Zerstörung, zu welcher der Umweltschutz gegenwärtig mißbraucht wird.
Nicht wenige – vor allem viele ausländische – Beobachter erschrecken über diesen erneuten Ausbruch der Irrationalität in unserem Lande.

Herr Dipl.-Ing. Andreas Biss – der historische Verdienste um die Rettung vieler jüdischer Mitbürger im Jahre 1944 hat – schrieb mir in Erinnerung an die grauenhaften Verbrechen im III. Reich:

> *»Man weiß es nämlich wirklich nicht, wohin die grüne Gefahr uns noch führt. Ebenso wie es noch unklar ist, ob sie von der rechten oder der linken Ecke kommen, so wie man dies auch bei der Nationalsozialistischen Partei am Anfang nicht wußte.«*

Ich warne vor dem Glauben, diese Irrationalität sei immer gutmütig: Wie schnell eine solche Bewegung – wenn sie erst einmal Recht und Ordnung beseitigt hat – in blutigen Terror umschlagen kann, sollte man in Erinnerung an die Französische Revolution vor zweihundert Jahren und den islamischen Fundamentalismus in unserer Zeit wissen.

Naturwissenschaft und Technik haben ein reiches Repertoire rationaler Methoden erfolgreicher Problemlösungen entwickelt, die man in Physik- oder Chemiebüchern nachlesen kann. Aber den Umweltschutz möchten viele »Grüne« ohne oder gegen die erfahrungsbestätigten Gesetzmäßigkeiten der Naturwissenschaft lösen – und hierbei entstand manchenorts eine Irrationalität, die an Alchemie und ihre mystischen Spekulationen – bis hin zum Betrug – erinnert.

Was da alles schon behauptet wurde, gäbe reichlichen Stoff für eine schwarze Satire. In ihr käme der angebliche sprunghafte Anstieg der Leukämie rings um das Kernkraftwerk Lingen ebenso vor wie die weißen Spatzen um ein anderes Kraftwerk und die Kröten-Monster mit fünf Beinen, die allerdings schon 1908 registriert worden waren.

Der Erfolg jeder rationalen Wissenschaft beruht darauf, daß – frei von persönlichen Interessen – nach reproduzierbaren Zusammenhängen zwischen Ursachen und Wirkungen gesucht wird. Im Zusammenhang mit der »grünen« Bewegung kommt aber eine ganz andere Pseudowissenschaft auf: Man will bestimmte Tatsachen beweisen und benutzt hierzu Methoden, die naive Zeitgenossen für »wissenschaftlich« halten.

Merke:
- Nicht jeder, der ein Reagenzglas schüttelt, ist ein Chemiker.
- Nicht jeder, der über Energiepolitik redet, kennt den Unterschied zwischen Picowatt und Gigawatt. (Das ist gewissermaßen der Unterschied zwischen einem Glühwürmchen und einem Großkraftwerk.)
- Unglaubwürdig sind die Propheten, die im Düsenflugzeug und City-Train durch die Welt rasen, um die Technik anzuklagen, die sie daran hindert, in einer Höhle von Beeren und Wurzeln zu leben.

Wieviel sachliche Inkompetenz die »grüne« Bewegung bestimmt, zeigten beispielsweise die Verhandlungen im Deutschen Bundestag vom 28. 04. 1982. Da gaben Vertreter der einstigen Bundesregierung (Schmidt/Genscher) niederschmetternde Auskünfte über das »grüne« »Öko-Institut« in Freiburg – so beispielsweise »unausgewogene Darstellung, wissenschaftlich nicht haltbar« usw.
Kennzeichnend für den Irrationalismus der »grünen« Bewegung ist auch das Aufkommen des »Ökosozialismus«, der uns mit Argumenten des Umweltschutzes die Notwendigkeit des »Sozialismus« einreden will.

Das psycho-pathologische Phänomen

Die »grüne« Bewegung hat keine rationale Grundlage – man kann sie nur als ein psycho-pathologisches Phänomen verstehen, als eine pseudo-religiöse Massenbewegung, wie sie Andreas Wünschmann (in seinem Buche »Unbewußt dagegen«, Verlag Bonn Aktuell 1984) diagnostiziert hat.

Wünschmann beschrieb das einfache und gleichförmige – aber sehr wirksame – Aufbaumuster der Demagogie:

1. Ein vorhandenes allgemeines Unbehagen wird konstatiert,
2. dann werden bestimmte Archetypen (psychische Urbilder im Sinne des Psychoanalytikers C. G. Jung) angesprochen,
3. dann wird eine Verteufelungskampagne geführt und angebliche Verschwörungen aufgedeckt, und
4. schließlich eine zukünftige, heile Welt versprochen.

Daß eine solche Demagogie viele Naive verführt, ist verständlich. Erschreckend ist aber, daß ihr auch schon große Teile der öffentlichen Kommunikation und sogar des Wissenschaftsbetriebs erlegen sind.

Symbolisierung

Unsere öffentliche Kommunikation orientiert sich vor allem an der »Akzeptanz«: Sie strebt nach hohen Auflagen oder hoher Zuschauerbeteiligung, die Wahrheit ist ihr weniger wichtig.
Dies führt dazu, daß nicht mehr Sachverhalte genau dargestellt, sondern Emotionen befriedigt werden.
In diesem Zustand der »Symbolisierung« orientiert sich die Kommunikation nicht mehr am Verstand, sondern an Empfindungen.
Wer – im Zeitgeist schwimmend! – beispielsweise »Umweltschutz!« oder »Frieden!« ruft, der erzeugt bei seinen Mitschwimmern keine Denkaktivität, sondern Emotionen.
Gleichzeitig schwindet in der Politik die Rationalität, mit der einst dicke Bretter gebohrt wurden. An ihre Stelle tritt die

Publikumswirksamkeit, welche die Emotionen bewegt: Symbolik verdrängt Rationalität.

Der Begriff »Symbol« wird hier in einem anderen Sinne verwandt als dies in der Informationstheorie sonst üblich ist. Das Symbol wird hier – im Gegensatz zum Denkmodell, das auf Rationalität und Problemlösung angelegt ist – als ein Instrument minderer Rationalität, aber höherer Emotionalität verstanden.

Dies steht in Übereinstimmung mit Ergebnissen des Psychoanalytikers Harold Lincke (Instinktverlust und Symbolbildung, Verlag Severin und Siedler, Berlin 1981), der geschrieben hat:

»Symbole verweisen nicht auf ein Stück Sinneswirklichkeit, sondern täuschen, indem sie sich die emotionale Qualität des Eigentlichen angeeignet haben, Realität vor. Sie sind rational nicht angreifbar und daher nicht geeignet, an realitätsbezogenen Lernprozessen teilzunehmen. Zwar gelingt es uns gelegentlich, den Sinn eines Symbols aus dem Zusammenhang, in den es eingefügt ist, zu erraten, aber dieses Erschließen des Gemeinten erreicht nie die Bestimmtheit uns vertrauter Zeichen.«

Viele wertvolle Feststellungen zur Symbolisierung – allerdings ohne diesen Begriff zu verwenden – finden sich in W. Bergsdorfs Buch »Herrschaft und Sprache« (Neske-Verlag Pfullingen 1983) – so z. B.:

»... daß Politik für die meisten Menschen eine ›Parade abstrakter Symbole‹ ist, die durch ihre Köpfe zieht, weit entfernt von der Möglichkeit, zu überprüfen, ob die übermittelten Abstraktionen ihr jeweiliges Bild der politischen Wirklichkeit verkürzen...

Wesentliche Voraussetzung ihrer Wirksamkeit ist es, daß sie den affektiven Bedürfnissen der Menschen entgegenkommen ...
Über Pro und Kontra entscheidet eher die politische Rolle, das Gesamtziel des politisch Handelnden als eine differenzierende Erörterung der zum Gegenstand gemachten Themen.«

In Rousseaus »Bekenntnissen« findet sich – wie gesagt –: »*Ich empfand, ehe ich dachte.*«
H. Kissinger schrieb (in Band II seiner Memoiren) über Brandt:

»*Was er sagte, waren gewöhnlich Binsenweisheiten; was er tat, symbolisierte die Probleme der Zeit, ohne sie zu definieren.*«

Ich fürchte, daß der Symbolisierer Brandt ähnliche politische Fehlentwicklungen auslöst wie der Empfinder Rousseau: Den Fanatismus rational nicht mehr lenkbarer Massen.
Im Zusammenhang mit der Symbolisierung wird die Autorität des Sachverstandes beschädigt.
Diese war früher unbestritten: Urteile über komplizierte Probleme überließ man eben denen, die am meisten von der Sache verstanden – Urteile über medizinische Probleme überließ man Medizinern, Urteile über technische Probleme überließ man Technikern usw.
Diese unbestrittene Kompetenz des Sachverstandes ging aber bei den ideologischen Auseinandersetzungen unserer Zeit vielfach verloren.
Hierfür gibt es mehrere Gründe:

– Einerseits gibt es komplizierte Probleme, die von verschiedenen Fachleuten auch verschieden gedeutet werden. Früher wurden solche Meinungsunterschiede zwischen Fach-

leuten im kleinen Kreis ausgetragen und zerstörten deshalb auch nicht die Autorität des Sachverstandes.
Aber neuerdings beliebt es, solche Meinungsunterschiede öffentlich aufzubauschen und das gesunde Volksempfinden als höchste Instanz einzusetzen – was man ja vielfach für »Demokratisierung« hält.
– Andererseits entstand aus inkompetenter Meinungsmache ein Chaos mit Experten und Gegenexperten: Die banale Wahrheit findet kaum Gehör – der sensationelle Unsinn wird verbreitet. Scharlatane werden zu Propheten aufgebaut, seriöse Wissenschaftler diffamiert.

Mit der Autorität des Sachverstandes schwinden die letzten Bastionen gegen die Manipulation: Danach gibt es keine Autorität mehr, die ihr widersprechen könnte – danach ist der Weg ins Chaos frei.

Neo-Mystizismus

Der Kampf gegen den Sachverstand geht aber noch tiefer – er geht neuerdings gegen das naturwissenschaftlich-technische Denken schlechthin – gegen das verteufelte »cartesianische« Denken.
Zwei deutschsprachige Bücher von Physik-Professoren legen uns einen neuen Mystizismus nahe:

– Herbert Pietschmann
  Das Ende des naturwissenschaftlichen Zeitalters
  (Zsolnay-Verlag, Wien und Hamburg 1980)
– Fritjof Capra,
  Wendezeit
  (Scherz-Verlag, Bern, München und Wien 1983)

In beiden werden die altchinesischen Symbole »Yin« und »Yang« und der Ersatz rationalen Denkens durch Mystik propagiert.
So wird beispielsweise bei Capra zustimmend zitiert:

> *»Der Mythos ist die größte Annäherung an die absolute Wahrheit, die auf begrifflicher Ebene möglich ist.«*

Hier soll also der Mythos das rationale Denkmodell, die Rationalität schlechthin ersetzen!
Ich möchte warnen: Wenn sich diese mystifizierende Denkweise durchsetzen sollte, dann fiele unsere Kultur zurück auf den Zustand vor der Aufklärung, dann gäbe es weder eine moderne Technik noch eine moderne Medizin!
Es ist ratsam, die Herkunft dieses Neo-Mystizismus zu bedenken.
Sein Bezug zur fernöstlichen Weisheit ist sehr fragwürdig. Kenner chinesischer Literatur sehen Capras und Pietschmanns Interpretationen als Ergebnis von Sekundär- und Tertiärliteratur, z.T. in fehlerhafter Übersetzung und ohne Bestätigung durch kompetente Fachleute.
Ein österreichischer Wissenschaftler schrieb mir hierzu:

> *»Beim Lesen der Bücher von Fritjof Capra und Pietschmann fiel mir auf, daß beide Autoren zwar fernöstliche Philosophien, Gurus und Zenmeister zitieren, aber keinen einzigen asiatischen Naturwissenschaftler.*
>
> *Als ich eine Einladung zu einem Vortrag nach Bangalore erhielt, beschloß ich, die Meinung von indischen Physikern zu diesem Thema zu erkunden. Ich hatte Gelegenheit, in Indien einige hervorragende Wissenschaftler auf dem Gebiet der theoretischen Atomphysik und der Kosmologie sowie Leiter von Forschungsinstituten zu sprechen. Deren Meinungen können so zusammengefaßt werden: Sie kennen*

Capras Namen, aber soweit sie ihn für lesenswert angesehen haben, lehnen sie seine Auffassung des indischen Denkens ab. Ähnlichkeiten zwischen moderner Naturwissenschaft und indischer Philosophie bestehen zwar, doch nicht auf der Ebene des ›Kosmischen Reigens‹, sondern auf einer wesentlich abstrakteren philosophischen Basis.«

Wer die Geschichte der Naturwissenschaften kennt, denkt bei dieser »neuen Wissenschaft« an die »Deutsche Physik«, die mit der NS-Herrschaft gekommen und gegangen ist – und an die »russische Biologie«, den »Lyssenkoismus«, der mit Stalin gestorben ist.

Dieser Neo-Mystizismus kam nicht überraschend: Sein Anfang ist dort zu suchen, wo aus der Unschärfe der Atomphysik eine unscharfe Philosophie gebastelt wurde, die Neo-Marxisten und Neo-Mystiker gleichermaßen begeistert aufnahmen.

Trefflich beschrieb diesen Übergang von der Physik der Unschärfe zu unscharfer Philosophie Heinrich K. Erben in seinem Buche »Intelligenzen im Kosmos?« (R. Piper Verlag München und Zürich 1984).

Er sieht drei Schritte auf dem Weg in die Irrationalität:

– Zuerst der Flirt einiger Atomphysiker mit der buddhistischen Philosophie,
– dann die »Quantentheologie« Pascal Jordans, der die Unschärfe der Atomphysik dazu mißbrauchte, um übernatürliche Einwirkungen zu ermöglichen – und
– schließlich C. F. v. Weizsäckers Kapitulation vor der Irrationalität, die sich beispielsweise an seiner Levitationsempfindung am Grabe eines hinduistischen Mystikers zeigte.

Die Kettenreaktion des Irrationalismus

Glaube niemand, derartige Fehlentwicklungen müßten nur Theoretiker interessieren – unsere Lebenspraxis sei hiervon unabhängig.

Eine liberale Lebensform ist auf ein allgemein akzeptiertes Wahrheitskriterium angewiesen – sonst wird jede Meinungsverschiedenheit zur Massenwirkung und Schlammschlacht.

Die Gleichgültigkeit gegenüber dieser Problematik ist gefährlich: Eine Sozietät, welche Wahrheit dort sucht, wo Irrtümer wuchern, wird vom Irrtum immer mehr durchsetzt.

Die Aufgabe der Wahrheitsidee ist für Sozietät, Wissenschaft und Politik gleichermaßen verhängnisvoll: Die Unwahrheit breitet sich wie eine Kettenreaktion überall aus.

Angesichts unserer aktuellen Situation möchte ich ausdrücklich warnen: Dieser Neo-Mystizismus wird nicht nur die Rationalität der Naturwissenschaft zerstören, sondern auch die Rationalität der Medizin, Technik, Rechtsordnung usw.

Ich halte es für unsere Pflicht, die rationalen Grundlagen unserer Kultur zu erhalten – wir wollen nicht zurück in den Zustand eines unaufgeklärten Volkes, das von Ayathollas beherrscht wird.

8. Mensch und Technik

Warum Technik betrieben wird
Der Mensch als Werkzeugmacher
Die Befriedigung menschlicher Bedürfnisse
Technik als Erkenntnisquelle
Industriegesellschaft und »nachindustrielle« Gesellschaft
Schäden durch die Technik
Für Rationalität beim Umweltschutz
Die »technische Perversion der Medizin«

Warum Technik betrieben wird

Folgt man zeitgenössischer Demagogie, dann ist die Technik ein abscheuliches Produkt des Fortschrittswahns, der sich um die »wahren Bedürfnisse« des Menschen nicht kümmert und unsere Welt hemmungslos zerstört.

Ich möchte dem widersprechen und zeigen,
1. daß die Technik aus der Absicht entstanden ist, existentielle Bedürfnisse des Menschen zu befriedigen,
2. daß die Heilung gegenwärtiger Technikfolgenschäden – wie Arbeitslosigkeit und Umweltschäden – ohne hochwertige Technik nicht gelingen kann – und
3. daß unser dichtbesiedeltes und ressourcenarmes Land auf hochwertige Technik zwingend angewiesen ist.
Andere Länder mögen von ihren Bodenschätzen, den Reizen ihrer Landschaft oder der Schwerarbeit ihrer Bevölkerung leben – aber unser Land ist auf wissenschaftlich-technische Kreativität und internationale Konkurrenzfähigkeit angewiesen.

Aber zunächst möchte ich feststellen, daß der Mensch als Werkzeugmacher zum Menschen wurde.

Der Mensch als Werkzeugmacher

Wenn es bei archäologischen Funden zweifelhaft ist, ob Knochenreste von tierischen Primaten oder von Menschen stammen, wird die Entscheidung sofort eindeutig, wenn dabei absichtlich hergestellte Werkzeuge entdeckt werden.

Prähistoriker definierten den Menschen schon als den »Werkzeugmacher«. Tiere mögen zufällig Werkzeuge benutzen – aber nur der Mensch stellt systematisch Werkzeuge für zukünftige Verwendungen her: Er ist der »homo faber« – der technisch schaffende Mensch.

Nachdem die archaischen Menschen ihr Nomadendasein aufgegeben hatten und seßhaft geworden waren, wollten sie Nutzpflanzen in der Nähe ihrer Hütten anbauen. Hierzu mußte der Boden aufgelockert und der Samen eingebracht werden. Dies geschah anfänglich mit dem geraden Grabstock, der wie ein Spieß in die Erde gestoßen wurde. Dies war eine sehr anstrengende Arbeit.

Es war wohl eine der ersten technischen Erfindungen, diesen geraden Grabstock durch den gewinkelten Grabstock zu ersetzen, etwa durch das, was wir heute als Hacke bezeichnen. So konnte mit weniger Anstrengung mehr geleistet werden: Die Effizienz der Arbeit wurde größer.

Ähnliches gilt auch für spätere landwirtschaftliche Erfindungen, vom Pflug bis zur Erntemaschine. So geschah auch die gesamte Entwicklung der Technik in der Absicht, mit weniger menschlicher Anstrengung, weniger Energie und weniger Material möglichst große Wirkungen zu erzielen – vor allem, menschliche Bedürfnisse zu befriedigen.

Die Befriedigung menschlicher Bedürfnisse

Ernährung
Noch vor hundert Jahren trat auch in Mitteleuropa immer wieder verbreiteter Hunger auf. Durch Verbesserungen am Saatgut, mineralische Düngung, Pflanzenschutz und Mechani-

sierung der Landwirtschaft konnten die Erträge enorm gesteigert werden. Beispielsweise stiegen die durchschnittlichen Weizenerträge in Deutschland in den letzten 200 Jahren auf etwa das Fünffache. Nach diesen Fortschritten der Ackerbautechnik kennen die meisten unserer Mitbürger Hunger nur noch aus alten Berichten oder fremden Ländern.

Gesundheitspflege
Vor Aufkommen der modernen Technik lag die Lebenserwartung des Menschen unter zwanzig Jahren – jetzt liegt sie über siebzig Jahren. Die gesundheitlichen Bedingungen im Altertum erscheinen aus heutiger Sicht als grauenhaft: Hunger und Frieren, schwere körperliche Arbeit, ein Eiterzahn war eine unerträgliche Qual, eine Blinddarmentzündung tödlich.
Über die Pharmazie schrieb der Nobelpreisträger E. B. Chain (der Miterfinder des Penicillins):

» . . . mir graust bei dem Gedanken daran, mich der Marter einer Extraktion eines Weisheitszahnes ohne örtliche Betäubung unterziehen zu müssen, oder – noch schlimmer – die Amputation eines Gliedes erleben zu müssen. Um alles in der Welt möchte ich nicht in die Lage geraten, in der wir uns alle befanden, ehe das Arsenal moderner Arzneimittel und Impfstoffe der therapeutischen Medizin verfügbar wurde; jener Zeit, in der ich vielleicht hilflos hätte zusehen müssen, wie meine Frau am Kindbettfieber stirbt, oder wie meine Freunde an Zuckerkrankheit oder Tuberkulose zugrundegehen, wie meine Kinder von der Rachitis verstümmelt, oder, noch schlimmer, von der Kinderlähmung zu Krüppeln gemacht werden.«

Verkehr
Die moderne Arbeitsteilung, der heutige Wohlstand und viele Freizeitaktivitäten in den hochentwickelten Ländern beruhen

auf einem hochentwickelten Verkehrswesen – sei es nun auf der Straße, der Schiene, auf Gewässern oder in der Luft. Ohne den Verkehr, der Menschen und Güter aller Art von jedem beliebigen Ort an jeden anderen Ort transportiert, hätte die Industrie nicht die heutige Leistungsfähigkeit erreicht.

Unsere Siedlungsformen, z. B. das »Haus im Grünen«, setzen diesen freien Verkehr ebenso voraus wie unsere Freizeitgewohnheiten – vom Theaterbesuch bis zur Urlaubsreise.

Die Freiheitlichkeit des Zusammenlebens zeigt sich – auch – an der Möglichkeit, nach persönlichen Wünschen zwischen Wohnung, Arbeitsplatz, Einkaufsplatz, Sportplatz und Ausbildungsstätte zu verkehren.

Kommunikation

Die für unsere Zeit typischen komplexen Formen menschlichen Zusammenlebens und Zusammenarbeitens setzen eine leistungsfähige Kommunikationstechnik voraus.

Eine bäuerliche Familienwirtschaft kommt leicht ohne technische Kommunikationsmittel aus: Der Bauer kann den Zustand seines Betriebs unmittelbar in Augenschein nehmen und seine Anweisungen mündlich erteilen.

Aber die hochgradige Arbeitsteilung und der großräumige Material- und Güterfluß der modernen Industriegesellschaft zwingen zu schnellen Absprachen mit nahen und fernen Partnern. Diese betrieblichen, nationalen und supranationalen Lenkungsaufgaben können ohne technische Kommunikationsmittel nicht gelöst werden.

Außer diesen ökonomischen Zwängen zu großräumiger Kommunikation gibt es auch noch viele andere: So beispielsweise Information über politische Probleme, Gesellschaft, Wetter, Wissenschaft, Unterhaltung, Bildung usw., ferner die zahllosen privaten menschlichen Kontakte.

Doch betrachten wir auch die Entwicklung der schriftlichen

Kommunikation! Vor einigen Jahrtausenden wurden die ersten Zeichen auf Steine, Tontafeln oder Metall aufgebracht. Es war ein technischer Fortschritt, als an ihre Stelle Papyrus, Pergament und Papier traten: Sie sind leichter zu beschreiben und leichter zu transportieren. Im Mittelalter wurden schriftliche Informationen vor allem in Klöstern vervielfältigt. Die schreibenden Mönche bewältigten ein erstaunliches Pensum. Angaben über den Inhalt, den Verfasser und den Schreiber finden sich oft am Schlusse des Buches in den »Schreibersprüchen«, die häufig von der Mühsal des Schreibens berichten, z. B.:

»Hie hat das Buch ein End
des freun sich meine Hend!«

Die mechanische Vervielfältigung von Bildern und Texten wurde ein immer dringlicheres Bedürfnis.
Der entscheidende technische Fortschritt gelang dem Mainzer Goldschmied Johannes Gutenberg um das Jahr 1450: die Verwendung einzelner Typen aus Metall. Weitere Fortschritte brachten die Zylinderdruckpresse, die Setzmaschine und die vielen Erfindungen, welche den heutigen Rotationsdruck und Lichtsatz ermöglichten.
Aber nicht nur aus der Sicht der Produzenten sind diese technischen Erfindungen Fortschritte, sondern auch aus der Sicht des Konsumenten: Sie verlangen z. B. ihre Tageszeitung mit den neuesten Nachrichten für einige Groschen zu bekommen. Sie akzeptieren es jedoch nicht, daß die Tageszeitung mit Gutenbergs Methoden erstellt wird, einige Tage später erst erscheint und zehn Mark kostet.
Hieran sollten wir uns erinnern, wenn über die Automatisierung und ihre sozialen Folgen gestritten wird: Der Konsument will die Automatisierung, aber er gibt dies öffentlich nicht zu.

Energie
Die Verminderung menschlicher Anstrengungen durch technische Erfindungen zeigt sich besonders deutlich an den Fortschritten der Energietechnik: Man denke an die Mühsal vieler altertümlicher Verfahren, so beispielsweise in Tretmühlen, beim Schiffeschleppen, beim Erdaushub oder Steinetragen. Erinnert sei an den Galeerensklaven, der an die Ruderbank geschmiedet war und zu höchster Kraftanstrengung gepeitscht wurde.
Die menschlichen Anstrengungen wurden zuerst durch Einsatz von Tieren (Rind, Pferd, Esel usw.) vermindert, später durch Motoren wie Dampfmaschine, Elektromotor, Verbrennungsmotor.
Einst, vor jeglicher Energietechnik, stand dem Menschen etwa $1/10$ Pferdestärke durch seine Muskelkraft zur Verfügung, das ergibt etwa tausend Kilokalorien pro Tag. Für den Menschen der hochentwickelten Industriegesellschaften ist der mehr als hundertfache Energieverbrauch typisch. Dabei ist die Verfügung über Energie meist nicht mehr mit persönlicher Anstrengung verbunden: Ein Knopfdruck genügt.

Technik als Erkenntnisquelle

Technik befriedigt menschliche Bedürfnisse. Hierüber sollte man aber eine andere wichtige Leistung der Technik nicht übersehen: Die Technik ist auch Erkenntnisquelle. Das Weltbild des modernen Menschen ist wesentlich bestimmt durch Entdeckungen und Einsichten, die es ohne die Technik nicht gäbe. Beispielhaft hierfür ist Galileo Galilei (1564–1642), der sein Fernrohr nutzte, um die »Richtigkeit« des kopernikanischen Weltbildes zu »beweisen«.

Die Medizin wurde durch die Erfindung des Mikroskops auf eine neue Grundlage gestellt. Mit dem Mikroskop wurden erstmalig Zellen, Blutkapillaren und Mikroben beobachtet.
Louis Pasteur (1822–1895) kam durch mikroskopische Beobachtungen zu der Annahme, Mikroorganismen seien die Ursache für Tier- und Menschenkrankheiten. Robert Koch (1843–1910) entdeckte vor hundert Jahren den Tuberkelbazillus und den Choleravibrio und ermöglichte damit den Sieg über verheerende Volksseuchen.
Wie sehr Technik Erkenntnisquelle sein kann, zeigt besonders deutlich die Entwicklung der Biochemie. Mit der Harnstoffsynthese durch Friedrich Wöhler im Jahre 1828 wurde gezeigt, daß biologische Substanzen aus anorganischer Materie aufgebaut werden können und keiner besonderen »Lebenskraft« bedürfen.
Zu welch grandiosen Ergebnissen die Biochemie in unserer Zeit geführt hat, zeigt vor allem die Aufklärung genetischer Strukturen, z. B. des DNS-Moleküls und der Reduplikation.

Einen Höhepunkt der Anwendung technischer Mittel als Erkenntnisquelle brachte Wilhelm Conrad Röntgen (1845–1923): Die Entdeckung von Strahlen, die biologische Gewebe usw. durchdringen und damit innere Teile ohne Öffnung des Körpers sichtbar machen.
Erinnert sei ferner an die Erfindung der Faseroptik, mit der innere Hohlräume, z. B. der Magen, unmittelbar in Augenschein genommen werden können, die Erfindung der Computer-Tomographie, die eine dreidimensionale Darstellung innerer Weichteile ermöglicht – und neuerdings die Kernspin-Tomographie, die radiologische Diagnose ohne Röntgenstrahlen.
Die Technik wurde nicht nur durch Bereitstellung wirksamer Beobachtungsinstrumente zu einem wichtigen Erkenntnismittel, sondern auch durch die Methoden, die man gegenwärtig

als die Methoden der Systemtheorie und der Kybernetik bezeichnet. Bei ihnen geht es um die Abbildung oder Modellierung komplexer Systeme. In seiner heutigen Bedeutung wurde der Begriff Kybernetik der Öffentlichkeit 1948 von Norbert Wiener vorgestellt. Aber schon 1941 hatte Hermann Schmidt in Berlin eine wichtige kybernetische Sachaussage gemacht: Die Universalität des Regelungsprinzips.

Industriegesellschaft und »nachindustrielle« Gesellschaft

In den hochentwickelten Gesellschaften – beispielsweise Mitteleuropas – beschäftigt gegenwärtig die Industrie die meisten Arbeitnehmer und schafft den größten Teil des Sozialprodukts – mehr als Landwirtschaft und Dienstleistungen: Sie sind »Industriegesellschaften«.
Das wichtigste Problem der Industrie ist gegenwärtig die »Automatisierung«: Der Aufbau von Produktionsanlagen so, daß sie weitgehend selbständig ablaufen. Typisch für die gegenwärtige Automatisierung ist die Anwendung komplexer Steuer- und Regelungssysteme bis hin zum Computer. Hier werden Maschinen nicht mehr durch Menschen, sondern durch andere Maschinen kontrolliert.
Diese Entwicklung wird neuerdings beschleunigt durch die Einfügung von Mikroprozessoren unmittelbar in die Produktion. So werden relativ intelligente Funktionen der Produktionsmaschinen schnell und zuverlässig realisiert.
Die Automatisierung wird weiter getragen durch Handhabungssysteme oder »Roboter«, die ähnlich wie menschliche Hände Werkstücke oder Werkzeuge ergreifen und in gewünschte Positionen bringen können.

Roboter besorgen in unserer Zeit

    Punktschweißen,   Maschinenbedienen,
    Bahnschweißen,   Entnahme von Gußteilen,
    Beschichten,   Pressenbedienen,
    Montieren,   Entgraten.

Hierbei ist zu bedenken: Wir stehen im Prozeß der Automatisierung nicht am Ende, sondern erst am Anfang!
Roboter breiten sich gegenwärtig rasch aus. Zuerst fand man sie in der Automobilproduktion, neuerdings aber auch in vielen anderen Industriezweigen.
Diskutierte oder realisierte Roboteranwendungen sind:

    Schafe scheren,
    automatischer Tankwart,
    automatische Haushaltshilfe – usw.

Wie weit man in Richtung auf die vollautomatische Fabrik schon gekommen ist, zeigt z. B. ein japanischer Maschinenbetrieb: Dort wurde der Fertigungsablauf weitgehend von Menschen unabhängig gemacht. Tag und Nacht können dort alle Werkstücke vollautomatisch an die Maschinen herangebracht und eingespannt werden. Nach der Bearbeitung werden sie wieder vollautomatisch weggefahren. Ebenso werden Werkzeuge vollautomatisch gewechselt. In jeder der beiden Tagschichten arbeiten in der Werkhalle noch jeweils sechs Mann, deren Hauptaufgaben Kontroll- und Reinigungsvorgänge sowie der Austausch von Werkzeugen in den Vorratsbehältern sind.
Von Mitternacht bis acht Uhr früh arbeitet der Betrieb vollautomatisch – ganz ohne Menschen.
Neuerdings erfaßt die Automatisierung auch die Verwaltungsarbeit. Diese dürfte vor allem durch Textautomaten und Schreibsysteme stark verändert werden. Hier werden die Texte nach Tastatur-Eingabe zunächst auf einem Bildschirm

sichtbar und zugleich (beispielsweise auf einer »Disketteneinheit«) elektronisch gespeichert.
Durch Korrekturhilfe und Bedienerführung am Bildschirm können gespeicherte Texte leicht verändert werden. Umfangreiche Texte können mühelos abgerufen werden.
Schließlich können die endgültigen Texte fehlerfrei ausgedruckt – oder über das Teletex-Netz zu einer anderen Station oder in eine Datenbank übertragen werden.
Damit entfallen Briefversand, Zustellung und Ablage.
Um eine Vorstellung zu vermitteln, wie stark sich unsere Lebenspraxis durch die verfügbaren Informationstechniken verändert, sei auf einige konkrete Beispiele verwiesen:

- Entstehung eines elektronischen Marktes, bei dem Waren auf dem Bildschirm angeboten und durch elektrische Signale bestellt und evtl. auch bezahlt werden;
- Aufbau vollautomatischer Bankschalter, die nach Identifikation des Kunden Auszahlungen erledigen, Auszüge, Quittungen und Formulare ausgeben und Überweisungen veranlassen;
- Aufkommen einer telekommunikativen Heimarbeit, bei der Mitarbeiter ihre Arbeit in der häuslichen Wohnung, z. B. an einem Bildschirmarbeitsplatz erledigen.

Ungeklärt ist noch, wie das Ausbildungswesen durch die neuen Medien der Telekommunikation verändert wird – sicher ist, daß hier noch viele Möglichkeiten offenstehen.
In der futurologischen Literatur findet sich neuerdings häufig der Begriff »nachindustrielle Gesellschaft«, deren Kennzeichen sein sollen:

Hohes Pro-Kopf-Einkommen,
dienstleistungsorientiert,
mehr freiwillige als bezahlte Tätigkeiten,

Mindesteinkommen,
Abbau des Leistungsprinzips,
soziale Gesamtplanung,
Lerngesellschaft, usw.

Die »nachindustrielle Gesellschaft« ist aber sicher keine Gesellschaft ohne Industrie!
Die Vorstellung einer »nachindustriellen Gesellschaft« hängt eng mit der Diagnose von R. Inglehart zusammen, der einen gegenwärtig sich ereignenden Wertwandel von »materialistischen« zu »postmaterialistischen« Werten konstatierte (The Silent Revolution, Princeton University Press, Princeton, New Jersey 1977).

Hierbei werden diese beiden Wertgefüge wie folgt erklärt:

Materialistische Werte:
    Verteidigung
    Kriminalitätsbekämpfung
    Erhaltung der Ordnung
    Stabile Wirtschaftsordnung
    Ökonomisches Wachstum
    Stabile Preise

Postmaterialistische Werte:
    Schöne Städte und schöne Natur
    Idealismus
    Gedankenfreiheit
    Weniger unpersönliche Gesellschaft
    Mitbestimmung allerorten

Zweifel an diesem Wertwandel äußerte H. Klages, der (für die Bundesrepublik Deutschland) drei Phasen des Wertwandlungsgeschehens diagnostizierte:

1. Phase (bis Anfang/Mitte der 60er Jahre):
   Vorherrschen verhältnismäßig stabiler Pflicht- und Akzeptanzwerte;

2. Phase (bis Mitte der 70er Jahre):
   Phase eines deutlichen Abbaus der Pflicht- und Akzeptanzwerte bei gleichzeitiger Expansion von Selbstentfaltungswerten;

3. Phase (seitdem bis jetzt):
   Stagnieren der Wertwandlungsbewegung bei verhältnismäßig hoher Instabilität der Wertbezüge der Menschen (oder zumindest sehr zahlreicher Menschen).

Den Abschluß des Wertwandlungsschubs in den 70er Jahren kommentierte H. Klages so:

»Diese Feststellung wird manchen sehr überraschen, der sich daran gewöhnt hat, den ›Wertwandel‹ als eine Quasi-Konstante unserer gegenwärtigen gesellschaftlichen Verhältnisse anzusehen ...
Wenn man weiß, ›wohin der Wertwandel läuft‹, dann kann man hieraus – so erschien es jedenfalls bisher – Folgerungen ableiten, die sicherzustellen scheinen, daß man sich zumindest auf der Linie dessen bewegt, ›was die Menschen zunehmend wollen‹.«

Unabhängig vom fragwürdigen Übergang von der industriellen Gesellschaft und den (angeblich) materialistischen Werten zur nachindustriellen Gesellschaft mit ihren (angeblich) postmaterialistischen Werten kann man jedoch die Heraufkunft der »Informationsgesellschaft« konstatieren, die in viel höherem Maße als jemals zuvor durch die technischen Methoden der Informationsübertragung und Informationsverarbeitung bestimmt sein wird (Abschnitt 9).

Schäden durch die Technik

Die Entwicklung der Technik geschah in der Absicht, mit weniger menschlicher Anstrengung, weniger Energie und weniger Material möglichst große Wirkungen zu erzielen – vor allem, menschliche Bedürfnisse zu befriedigen.
Aber mit dem Aufbau der Technik und Industrie entstanden unbeabsichtigt schädliche Nebenwirkungen, so vor allem

Freisetzung und Arbeitslosigkeit – und Umweltschäden.

Betrachten wir zuerst die Freisetzung von Arbeitskräften und die hierdurch – mindestens teilweise – ausgelöste Arbeitslosigkeit!
Um das Jahr 1970 war die Situation in der Bundesrepublik Deutschland noch etwa so: In jedem Jahr konnte die Produktionsmenge des Vorjahres mit fünf bis sechs Prozent weniger Beschäftigten hergestellt werden, das Sozialprodukt wurde mit etwa 1,3 Millionen Beschäftigten weniger erarbeitet. Damit die Freigesetzten nicht arbeitslos wurden, mußte eine entsprechende Menge neuer Produkte zusätzlich hergestellt und/oder die Arbeitszeit vermindert werden. Damals gelang es, dieses Freisetzungsproblem einigermaßen zu lösen.
Aber neuerdings – im Zeitalter immer weiter fortschreitender Automatisierung – wird es fraglich, ob und wie dieses Problem gelöst werden kann (vor allem, wenn die weltwirtschaftliche Konjunktur flau ist und geburtenstarke Jahrgänge Arbeit verlangen).
Man kann offensichtlich mit immer weniger Menschen immer mehr produzieren. Die entscheidende sozialpolitische Frage ist, ob und wie die freigesetzten Menschen wieder in den Arbeitsprozeß eingefügt werden können.
Eine erste Überlegung ist, ob die fortschreitende technische

Entwicklung selbst die durch sie freigesetzten Menschen wieder aufnehmen kann – ob also zur Produktion der neuen, wirksameren Produktionsmittel gerade so viel, vielleicht noch mehr Menschen gebraucht werden, wie durch frühere Produktionsmittel freigesetzt wurden.
Vor dieser Frage haben sich die Expertenmeinungen polarisiert:

- Die einen behaupten, eine solche Wiedereinfügung habe ja bisher schon stattgefunden und werde auch in Zukunft stattfinden, die Freisetzung durch neue Techniken sei nur eine momentane Erscheinung ohne langfristige Bedeutung.

- Die anderen meinen jedoch, die Freisetzung durch die neuerlich entstehenden technischen Mittel sei so enorm, daß ihre Kompensation durch anderweitige Wiedereinfügung höchstens kurzfristig möglich sei, langfristig jedoch mit beträchtlichen, unkompensierbaren Freisetzungen gerechnet werden müsse.

Neuerdings scheint sich die zweite Meinung durchzusetzen – daß also beträchtliche, nicht kompensierbare Freisetzungen zu erwarten sind.
Die Freisetzungen dürften sich vor allem – aber nicht nur! – im industriellen Sektor der Volkswirtschaft ereignen. Die Frage ist, wo die freigesetzten Arbeitnehmer wieder sinnvoll beschäftigt werden können. Eine sinnlose Beschäftigung begründet weder Vertrauen noch Menschenwürde.
Wo sind vertrauenswürdige Arbeitsplätze zu erwarten? Hierfür einige Vermutungen:

- Im Zusammenhang mit der zunehmenden Freizeit dürften neue Professionen entstehen und Beschäftigungen ermöglichen.

- Im Dienstleistungsbereich dürfte für eine bessere Pflege von Alten und Kranken – vor allem aber für eine bessere Betreuung unserer Kinder – ein zusätzlicher Personalbedarf entstehen.

- Im industriellen Bereich dürfte durch die verstärkten Anstrengungen für den Umweltschutz und für das »Recycling« (die Wiedergewinnung von Rohstoffen aus Abfällen) ein zusätzlicher Personalbedarf entstehen.

Im Hinblick auf die Automatisierung geht man in der Öffentlichkeit oft von der ganz falschen Alternative aus:

Entweder Automatisierung und Arbeitslosigkeit
oder keine Automatisierung und auch keine Arbeitslosigkeit.

Die tatsächliche Alternative ist aber ganz anders:

Entweder Automatisierung und Mittel für das soziale Netz
oder keine Automatisierung und auch keine Mittel für das soziale Netz.

Unglaubwürdig ist die Vorstellung, wir – in der Bundesrepublik Deutschland – könnten auf effiziente Technik verzichten und trotzdem hohe Milliardenbeträge für die soziale Sicherung aufbringen.
Dieser Zwang zur Rationalisierung kann nicht durch technophobe Sprüche weggeredet werden, beispielsweise durch H. O. Vetters Frage: »Müssen wir glauben, daß sich gegen technologische Sachzwänge nicht aufbegehren läßt?«
Nein: Es geht hier *nicht* um technologische Sachzwänge, sondern um unsere Konkurrenzfähigkeit auf dem Weltmarkt. Wir werden auf dem Weltmarkt ausgelacht, wenn wir minderwertige Produkte anbieten mit dem Verkaufsargument, wir

hätten doch die »soziale Bombe« entschärft und nun möge man uns doch unsere teureren und schlechteren Produkte milden Sinnes auch abkaufen.

Umweltschäden entstehen vor allem durch die enormen Mengen von Abgasen, Schmutzwässern, Ölabfällen, Unrat und radioaktiven Abfällen, die z. T. bedenkenlos »irgendwo« in der Umwelt gelagert oder verstreut werden.

Am deutlichsten werden die Umweltschäden gegenwärtig durch das »Waldsterben«, dessen Ursache noch nicht einwandfrei aufgeklärt werden konnte – wahrscheinlich jedoch auf Verbrennungsvorgänge und deren Emission von Schwefeldioxyd, Stickoxyden usw. zurückzuführen ist.

Auch unsere Gewässer werden verunreinigt: Beispielsweise durch Wasch- und Düngemittel. Diese verändern Flüsse und Seen und führen zur »Eutrophierung«: Zum Überschuß organischer Substanz. Dieser entsteht vor allem durch Mästung der Algen mit Phosphaten. Die gemästeten Algen sammeln sich an der Oberfläche der Gewässer, absorbieren dort das Sonnenlicht und führen so schließlich zum Absterben der Pflanzen in den tiefer liegenden Schichten. Die absterbenden Pflanzen zersetzen sich, entziehen hierbei dem Wasser Sauerstoff und ersticken schließlich auch noch die dort lebenden Tiere.

Der Endzustand des »umgekippten« Gewässers ist eine stinkende Brühe.

Die Gewässer können aber auch in entgegengesetzter Richtung »umkippen«: Wenn der Abbau organischer Substanzen deren Produktion übersteigt, dann verschwindet organisches Leben vollständig und es entsteht Sauerstoffmangel.

Die Gewässer haben zwar eine gewisse natürliche Stabilität gegenüber derartigem »Umkippen«, aber die gegenwärtigen Verunreinigungen überfordern die Selbstreinigungskraft der Gewässer: große Mengen giftiger Metallverbindungen, Schwefelsäure, Fluorsäure, Phenole, Äther, Benzol, Ammoniak, Düngemittel, Pestizide usw.

Unter den vielen technischen Schädigern unserer Umwelt müssen die giftigen Chemikalien ausdrücklich erwähnt werden, die vor allem zur Bekämpfung von Schädlingen, Insekten, Unkraut usw. benutzt werden.
Deren Verwendung hängt eng mit den hochwirksamen Formen der modernen Landwirtschaft zusammen: Monokulturen, in denen gleichartige Pflanzen in großer Zahl angebaut werden, sind für spezifische tierische Schädlinge besonders anfällig, hier müssen sie also besonders wirkungsvoll bekämpft werden. Es führt also ein Kausalnexus vom effizienten Anbau zur Verwendung dieser Giftstoffe.
Bedenklich ist hierbei, daß die bekämpften Schädlinge oft immun gegen die Giftstoffe werden – aber der Mensch, den man ungefährdet glaubte, tatsächlich gefährdet wird.
Die Schädigung unserer Umwelt ist ein außerordentlich kompliziertes und hochaktuelles Problem unserer Zeit – aber seine Lösung wird bisher kaum mit adäquaten Mitteln angegangen.

Für Rationalität beim Umweltschutz

Wohl der wichtigste Aspekt des Themas »Mensch und Technik« ist der Umweltschutz – die Erhaltung der Biosphäre, die Voraussetzung des Lebens auf unserer Erde ist.
Die Lösung dieses Problems braucht Sachverstand, Nüchternheit und Rechtsstaatlichkeit.
Viele Öko-Irrationalisten sind aber beherrscht von dem Irrtum, die sechzig Millionen Menschen unseres Landes oder die fünf Milliarden Menschen unserer Erde könnten ohne hochwertige Technik und ohne Mineraldüngung ernährt werden.
Hierzu zwei kompetente Urteile: Der ehemalige Bundeslandwirtschaftsminister Josef Ertl sagte hierzu:

»Meine Mitarbeiter haben einmal ausgerechnet, was erforderlich wäre, um unsere Nahrungsmittelmenge von heute mit den Methoden von 1949/50 zu produzieren. Wir bräuchten sieben Millionen Arbeitskräfte, 2,2 Millionen Pferde, 700 000 Zugkühe und Ochsen und doppelt so viel landwirtschaftlich genutzte Fläche. Das wäre der Weg zurück zur Natur – von den Kosten gar nicht zu reden.«
(»Zeit« vom 22. 12. 1979)

Professor Dr. Georg Hoffmann schrieb:

»Nach einer Studie des Centre for World Food Market Research müßten weltweit große Waldflächen eingeschlagen und noch kultiviertes Land umgebrochen werden, um die Futterflächen für den Viehbestand zu schaffen, der die ebenfalls zu erweiternde Ackerfläche mit organischer Düngung versorgen müßte, wenn die Mineraldüngung wegfiele.«
(Leserbrief im »Spiegel« 32/1982)

Grundlegend für all unsere Umweltschutzbemühungen ist: Wir können vom Umweltschutz nicht leben – unser dichtbesiedeltes und ressourcenarmes Land ist auf hochwertige Technik zwingend angewiesen. Deshalb ist für uns der Umweltschutz eine sehr schwierige Sache, vergleichbar dem Balancieren auf einem Hochseil – von dem man entweder auf die Seite »zerstörte Umwelt« oder auf die Seite »fehlende Existenzgrundlagen« herunterfallen kann. Wir brauchen einen Umweltschutz, der mit ökonomischen Tatsachen *und* mit den Gesetzen von Naturwissenschaft und Technik verträglich ist – einen rationalen Umweltschutz. Ein solcher darf die Frage nach der Erhaltung unserer Existenz nicht ignorieren und er kann deshalb auch nicht auf die hochwertige Technik verzichten.

Ein rationaler Umweltschutz muß von erfahrungsgemäßen Tatsachen ausgehen:

1. Die liberale Organisation der Wirtschaft und Industrie braucht für dieselbe Produktionsmenge weniger Rohstoffe, Energie und menschliche Anstrengung als eine staatlich gelenkte Organisation und erzeugt deshalb auch weniger Umweltschäden.
2. Die Umwelt wird nicht durch Wachstum schlechthin beschädigt, sondern durch Wachstum in eine falsche Richtung. Wo hohe Wertschöpfung bei minimalem Ressourcenverbrauch angestrebt wird, kann Wachstum sogar bei abnehmenden Umweltschäden verwirklicht werden.
3. Der Umweltschutz kostet viel Geld – nur eine erfolgreiche Wirtschaft kann dieses aufbringen.

Der Umweltschutz braucht in hochentwickelten Industriegesellschaften vor allem eine hochwertige Technik:

– Produktionen, die mit wenig Energie und Rohstoffen hohe Wertschöpfung ermöglichen,
– Verminderung der Schadstoff-Emissionen, verbesserte Methoden des Nachweises, der Signalisierung und Beseitigung von Schadstoffen,
– Produkte, die in der Natur zu unschädlichen Zerfallsprodukten zerfallen – und
– Fortschritte beim Recycling, der Wiedergewinnung von Rohstoffen aus Abfällen, auch Umweltbanken und Abfallbörsen.

Die »Technische Perversion der Medizin«

Noch zu Beginn dieses Jahrhunderts bestand Übereinstimmung darüber, daß technischer Fortschritt wünschenswert ist und seine Folgen – auch im Gesundheitswesen – erfreulich sind.
Dies hat sich in unserer Zeit gründlich geändert: Massenhafte ideologische Bewegungen agitieren gegen die Technik und gegen technische Produktionsformen, viele suchen »Alternativen« und möchten wieder – ohne Technik, Arbeitsteilung und »Entfremdung« – zur Rousseauschen Idylle zurückkehren.
Hiervon ist auch die Technik im Gesundheitswesen nicht unberührt. Technik und Medizin verbindet ja mehr als spezieller Sachverstand, Arbeitsteilung und öffentliches Interesse.
Dies wird besonders deutlich durch die Feststellung (H. Stachowiak):

> »Medizin ist für Hippokrates wie für Platon techné, auf Wissen beruhende ›Kunstfertigkeit‹, und sie hängt für beide mit Harmonie, Einklang, Ordnung, Proportionalität zusammen.«

Die Aversion gegen die Technik in – und außerhalb des Gesundheitswesens beruht auf ein- und derselben ideologischen Fehlentwicklung, die bald in einen Neo-Mystizismus führen könnte. Diese Fehlentwicklung abzuwenden, ist das gemeinsame Interesse von Medizinern, Naturwissenschaftlern und Ingenieuren.
Die Ablehnung technischer Methoden in der Medizin ist vor allem eine theoretische Skurrilität: Man schimpft – solange man nicht betroffen ist – über diese »technische Perversion«. Wenn einen aber ein Eiterzahn plagt, dann rennt man zum

Zahnarzt und erwartet von ihm die Beseitigung des Übels mit den modernsten technischen Mitteln – von der besten Injektion bis zum sanftesten Turbinenbohrer. Und wenn es gar um Tod und Leben geht, dann weiß keiner mehr von seiner einstigen Feindschaft gegen die technischen Methoden der Medizin – da verlangt er mit den neuesten und besten Methoden diagnostiziert und therapiert zu werden – koste es, was es wolle!
Der Streit um die Medizin ist wohl so alt wie der Streit um die Technik – und zwischen den beiden finden sich auch viele Analogien. Einzigartig für die Medizin scheint mir allerdings der Kampf gegen die »Schulmedizin« zu sein. In der Technik gibt es keinen vergleichbaren Vorwurf gegen die »Schultechnik«: Die Kritik an der Technik zielt so gut wie nie auf deren Methoden, fast immer auf deren Zielsetzung.
Dies hängt wohl damit zusammen, daß in der Technik schnell und zuverlässig ermittelt werden kann, welche Methoden zum Erfolg führen und welche nicht. Und bei solchen Prüfungen zeigt sich: Erfolge stellen sich nur dann ein, wenn man sich nicht im Widerspruch zu naturwissenschaftlichen Gesetzen befindet.
Die Medizin ist hier in einer viel schwierigeren Situation: Bei ihr sind schnelle und zuverlässige Prüfungen des Erfolgs meist nicht möglich, sie kann nur selten eindeutige Versuchsbedingungen schaffen und deshalb auch kaum eindeutige Erfolgskriterien hervorbringen. So werden der »Schulmedizin« oftmals Alternativen entgegengestellt, die mehr Scharlatanerie und Aberglauben sind, als eine erfolgreiche Gesundheitspflege. Der Berichtsband von der XII. Medicinale 1982 in Iserlohn gibt hierzu eine gute Übersicht und auch Kritik.
Die erwähnte Eindeutigkeit ist auch noch in einem anderen Sinne bedeutungsvoll: Der Patient möchte immer noch Hoffnung haben können – und hierzu paßt die Eindeutigkeit technischer Diagnosen schlecht.
Der mitfühlende Arzt kann – aus Überzeugung oder Mitgefühl

– manches euphemistisch darstellen, was des Patienten Hoffnung erhält, während die technische Diagnose rücksichtslos ist.
Im Streit um die Medizin hat in unserer Zeit ein spezieller Vorwurf große Bedeutung erlangt: Der Vorwurf der »technischen Perversion der Medizin«, der sich beispielsweise äußert mit Schlagworten wie

Der Kranke als defekte Maschine
Der Patient – Ein Werkstück usw.

Typisch hierfür ist auch folgende Version einer vollautomatischen Diagnose-Station:

»Der Patient legt seine Kleider ab und betritt die Kunststoffkabine. Wie unsichtbare Finger tasten elektromagnetische Strahlen seinen Körper ab, prüfen die Funktion seiner Organe, messen Stoffwechselvorgänge. Minuten später verrät ein Computer dem Patienten, wie es um seine Gesundheit bestellt ist.«
(»Spiegel« 29/82)

Man könnte hier noch weiterspinnen: Der Computer erstellt nicht nur die Diagnose, sondern empfiehlt auch die Therapie. Doch – verlassen wir derartige Visionen und halten uns an das Urteil eines Fachmannes über die praktischen Probleme!
Über »Die Situation der Biomedizinischen Technik« schrieb Professor G. Vossius (Friedericiana, Zeitschrift der Universität Karlsruhe, Heft 12):

» ... es können jetzt pathophysiologische (Meß-)Größen mit besserer Qualität erhalten werden, als dies mit den menschlichen Sinnen möglich ist. Diese Meßwerte können dazu vielfach kontinuierlich für lange Zeiträume und in

immer zunehmender Anzahl gewonnen werden, so daß der Arzt geradezu damit überschwemmt wird. Hinzu kommt noch, daß diese Datenmenge jetzt in irgendeiner Weise sinnvoll ausgewertet und interpretiert werden muß.
Hierzu bieten sich die Methoden der modernen Datenverarbeitung und -analyse an, die zur gleichen Zeit durch die explosionsartige Entwicklung der ... Datenverarbeitungstechnik ermöglicht wurden.
Diese neuen Methoden und Techniken sind für den Arzt nicht mehr durchschaubar, er steht ihnen mehr oder weniger hilflos gegenüber und muß ihnen blind vertrauen. D. h., die Basis seines Handelns wird für den Arzt in weiten Bereichen unkontrollierbar...
Zweifellos sind die Ärzte ... überfordert, wenn sie sich in dem 10–12-Stunden-Betrieb ihrer Alltagspraxis bei einem in rascher Änderung befindlichen medizinischen Wissen auch noch mit technischen Problemen befassen sollen, für deren Verständnis sie keinerlei Vorbildung besitzen.«

Professor H. Hutten sagte hierzu:

»Ein defektes elektrisches Gerät (ist) zwar eine Erklärung, sicher aber keine Rechtfertigung für eine Fehldiagnose.«

Wenn im Krankenhaus durch technischen Fortschritt humanisiert werden soll, dann müssen die geistigen Voraussetzungen zur Nutzung der Technik gegeben sein: Deren Verständnis und die Motivation, sie auch wirksam einzusetzen.
Aber die geistigen Voraussetzungen hierfür sind in unserem Lande nicht günstig, vor allem

– durch die kulturpessimistische Tradition, die bei uns immer noch wirksam ist – und

– durch die allerorten wuchernden »alternativen« Philosophien, denen das naturwissenschaftlich-technische Denken zuwider ist.

Zu dieser allgemein ungünstigen geistigen Grundstruktur kommt noch die mutwillige Zerstörung des Vertrauens in die naturwissenschaftliche Medizin.
Hierfür zwei bekannte Zitate:

I. Illich:
»Die Medizin ist zu einer Hauptgefahr für die Gesundheit geworden.«
J. Hackethal:
»Möglichst schnell vor jedem Urologen davonlaufen.«

Durch derartige Äußerungen wurde die Autorität des Sachverstandes zusätzlich schwer beschädigt (siehe hierzu Abschnitt 7).
Zugegeben sei, daß man viele Probleme »ganzheitlich« angehen muß – aber diese »Ganzheitlichkeit« muß die Ganzheitlichkeit einer cartesianischen Systemanalyse sein – nicht die Ganzheitlichkeit eines mystischen Spiels mit »Yin« und »Yang«.
Ein handlungsermöglichendes Verständnis medizinischer Probleme erwächst nur aus der vielbeschimpften analytischen, »cartesianischen« Denkweise. Die mystische »ganzheitliche Betrachtung« kann nur handlungsfreie esoterische Zirkel befriedigen: Sie ist *»ewig rein und ewig unfruchtbar«.*
Grundlage jeder erfolgreichen Medizin und jeden Fortschritts im Krankenhaus ist und bleibt die Physiologie.
Deren klassische Darstellungen, beispielsweise
   Hermann Reins »Physiologie des Menschen«
   oder
   W. D. Keidels »Lehrbuch der Physiologie«

gehen selbstverständlich davon aus, daß eine erfolgreiche Medizin in Übereinstimmung mit naturwissenschaftlichen Gesetzen stehen muß.
Dr. E. Kehler hat sicher recht, wenn er schreibt (Leserbrief im »Spiegel« 1/1984):

> *»Auch das Krebsproblem wird von manipulierenden Molekulargenetikern gelöst werden, nicht von moralisierenden Metaphysikern.«*

Ein humanes Krankenhaus muß vor allem ein erfolgreiches Krankenhaus sein – erfolgreich bei der Heilung von Krankheiten.
Hierzu müssen die besten technischen Hilfsmittel genutzt werden.
Ich möchte hier nochmals Professor H. Hutten zitieren:

> *»Ist es ... Enthumanisierung, wenn allein in der Bundesrepublik Deutschland etwa 20 000 Menschen ihr Leben, nicht nur ihr Wohlbefinden, dem regelmäßigen Anschluß an die künstliche Niere verdanken? Ist es Enthumanisierung, wenn es heute dank einer hochentwickelten Audiometrie möglich ist, Hörschäden bereits bei Kleinkindern im ersten Lebensjahr festzustellen und therapeutisch etwas dagegen zu unternehmen, bevor dieses Kind wegen seines Hörschadens und der dadurch verursachten Lernschwierigkeiten für sein Leben mit dem Etikett »Sonderschüler« abqualifiziert wird? Ist es Enthumanisierung, so muß weiter gefragt werden, wenn heute dank einer hochentwickelten Gerätetechnik im Operationssaal und auf der Intensivstation Patienten gerettet und völlig wiederhergestellt werden können, die früher unter unsäglichen Qualen in kurzer Zeit zum Sterben verurteilt waren?«*

Es spricht auch gar nichts dafür, daß die technische und die humane Kompetenz eines Arztes gegeneinander austauschbar wären – daß ein Arzt also entweder human oder technisch versiert sein könnte.
Das Ziel ist selbstverständlich, daß er beiderlei Fähigkeiten vereint.
Die Humanität im Krankenhaus dürfte es wesentlich fördern, wenn die zeitliche Überlastung der Ärzte durch technische Hilfsmittel gemindert wird.
Wie soll ein überlasteter Arzt, der im Durchschnitt viel länger arbeitet als jeder andere Berufsstand unserer Gesellschaft, die Zeit und Ruhe für ein menschliches Gespräch mit seinen Patienten aufbringen?
Ich teile die Überzeugung von Professor Rügheimer, daß die Technik in der Medizin die einzige Möglichkeit ist, eine vertiefte Humanisierung zu erreichen, indem Ärzte und Pflegepersonal von mechanischen Überwachungsfunktionen befreit werden und sich intensiv dem Patienten persönlich zuwenden können.
Hierzu sagte Professor Dr. med. Werner Wachsmuth:

»Die Abstimmung von technischen Möglichkeiten mit den Grundsätzen ärztlicher Ethik schaffen das, was wir als ärztliche Kunst bezeichnen.
Sie erfaßt den Menschen als eine untrennbare Einheit von Körper und Geist.
Sie bedarf zum Erfolg des Verantwortungsbewußtseins und der inneren Bereitschaft beider Partner. Nur der gemeinsame Wille von Arzt und Kranken läßt den Fortschritt zur Tat werden.«

9. Mensch und Information

Die Blindheit vor der Information
Zur Geschichte der Information
Die Informationsgesellschaft
Orwells Warnung von 1948 und die Realität von 1984
Denkmodelle
Der begrenzte Mensch in der Informationsflut
Maßlos informiert
Der Verlust der Erfahrung
Der normierende Einfluß allgemein benutzter Klassifikationssysteme

Die Blindheit vor der Information

Die Informationstechnik macht riesige Sprünge – aber ihre geistige Verarbeitung rührt sich nicht vom Fleck und bleibt immer weiter hinter den Notwendigkeiten der Praxis zurück.
Dies wird besonders deutlich bei den allerorten veranstalteten Diskussionen über Orwell und seine Warnungen. Diese wurden kaum dazu genutzt, drohende Gefahren abzuwenden – mehr dazu, eine unverstandene Technik zu beschimpfen und politische Übel zu konservieren. Unser wichtigstes aktuelles Problem – das Leben mit der Lüge – kam kaum zur Sprache. Wie sehr uns Orwell in die Irre geführt hat, wurde besonders deutlich durch Neil Postmans Vortrag zur Eröffnung der Frankfurter Buchmesse 1984: Wir werden nicht – wie Orwell meinte – gewaltsam mit Handschellen in den Untergang getrieben, sondern wir tanzen von ganz alleine in den Abgrund – mit einem idiotischen Grinsen im Gesicht.
Die Blindheit zeigt sich auch deutlich bei den gegenwärtigen Auseinandersetzungen um den Datenschutz: Man konstruiert eine neue Welt um den absoluten Wert »Datenschutz« herum – aber man denkt nicht darüber nach, wie ein Datenschutz organisiert werden muß als Kompromiß zwischen dem Individualrecht und der Aufgabe des Staates, seine Bürger gegen Verbrechen und Seuchen zu schützen.
Allgemein wird übersehen, daß Information ein Mittel der Verhaltenssteuerung ist und man deshalb mit Information sorgfältig umgehen sollte.
Doch lassen Sie mich das Thema »Mensch und Information« zunächst aus historischer Sicht angehen!

Zur Geschichte der Information

Als vor Milliarden von Jahren aus kosmischer Materie unsere Erde entstanden war und sich auf ihr die »Ursuppe« gebildet hatte, jenes Gemisch der Grundstoffe organischen Lebens, da hätte in den Dämpfen und Sümpfen auch ein intelligenter Beobachter kaum etwas entdeckt, das Information überhaupt rechtfertigte: Da war ja alles in ständiger Veränderung, Aussagen über Zustände in einem Moment waren nutzlos für den nächsten Moment. Es gab da kaum bleibende Strukturen, die Information sinnvoll machten.

Wie entstanden im Laufe der Jahrmilliarden bleibende Strukturen, die Information überhaupt sinnvoll machten?

Wir wissen dies im Einzelnen nicht – wir können nur etwa so vermuten: Aus der zufälligen Bewegung der unbelebten Materie entstanden nacheinander primitive Organismen, Pflanzen, Tiere und schließlich Menschen. Diese verschiedenen Evolutionsstufen sind durch informationelle Neuerungen voneinander getrennt:

1. Die organischen Formen der Materie entstanden und zerfielen nicht folgenlos, sondern hatten die Fähigkeit zur materiellen Regeneration (Stoffwechsel) und zur Reproduktion (Fortpflanzung).
2. Manche Organismen entwickelten spezielle Organe für Informationsaufnahme, Informationstransport und Informationsverarbeitung: Sinnesorgane und Nervenzellen.
   Dies waren vor allem jene Organismen, die man als »Tiere« bezeichnet. Es gibt allerdings auch einige Pflanzen, die einfache Informationssysteme haben, z. B. die Mimosen.
3. Aus Tieren entwickelte sich – nach vorherrschender, wenngleich nicht unbestrittener Meinung – vor einigen Millionen von Jahren der Mensch, der sich weniger durch anatomi-

sche, mehr durch informationelle Errungenschaften von seinen tierischen Vorfahren unterscheidet:

Er hat ein »Bewußtsein«, das es ihm gestattet, komplexe Informationen aus der Umwelt aufzunehmen, zu bewerten und sein Verhalten vor dessen Realisierung im Kopfe durchzuspielen.
Zum Austausch von Informationen entwickelte der Mensch eine differenzierte Sprache, bestimmte Denk- und Verhaltensformen gibt er durch Überlieferung von Generation zu Generation weiter.

Beim Menschen besteht – wohl im Gegensatz zum Tier – die Möglichkeit, auch Dinge zu verarbeiten, welche die Sinne momentan nicht wahrnehmen.
So erscheint des Menschen Bewußtsein als ein virtuelles Theater, in dem auch mit sinnlich nicht Wahrnehmbarem, nicht Gegenwärtigem, gespielt werden kann.
Hier fällt uns der Begriff »Denkmodell« ein – auf den noch eingegangen wird – und F. Schillers These, der Mensch sei nur dort ganz Mensch, wo er spielt.
Beim heutigen Stand der Verhaltensforschung weiß man, daß auch Tiere kommunizieren (also Informationen austauschen). Erinnert sei beispielsweise an den Schwänzeltanz der Bienen, mit dessen Hilfe sie Artgenossen die Lage von Futterplätzen signalisieren und an die vielen tierischen Kommunikationsformen, die Konrad Lorenz beschrieben hat, z. B. in seinem Buch *»Er redete mit dem Vieh, den Vögeln und den Fischen«*.

Wo immer Individuen sozial zusammenleben – seien es nun Menschen oder Tiere – kommunizieren sie auch, d. h., sie tauschen Informationen aus.
Aber es gibt keinen Zweifel daran, daß der Mensch beim Umgang mit der Information eine Sonderstellung einnimmt. Schon das Werden des Kleinkindes ist in auffälliger Weise

durch das Erlernen der Kommunikationsfähigkeit bestimmt.
Der Mensch ist eine »physiologische Frühgeburt«.
Das, was der Mensch auch ohne sinnliche Wahrnehmung in seinem Bewußtsein verarbeiten kann, diese Modelle usw., kann er – nach sozialer Vereinbarung – auch mit Symbolen versehen und anderen Menschen signalisieren.
Diese Weitergabe geschah zuerst mit Körpersignalen wie Handbewegungen, Gesten und Sprachlauten, später aber auch mit körperfremden Signalen: Zuerst mit Symbolen auf Steinen, Tontafeln oder Metall, später auf Papyrus, Pergament und Papier.
Die Schrift begann als Bilderschrift, als bildliche Darstellung des im Bewußtsein auch ohne sinnliche Wahrnehmung Vorzustellenden. Im Laufe der Zeit entwickelte sie sich aber meist zur Silben- und Buchstabenschrift.
Erst in neuester Zeit kamen mit den »Pictogrammen« wieder bildliche Darstellungsformen auf, welche Sprachgrenzen überwinden sollen.
Der grundsätzliche Unterschied zwischen Bilderschrift und Buchstabenschrift besteht darin, daß die Bilderschrift für jedes Objekt ein besonderes Bildzeichen braucht (beispielsweise die alte chinesische Schrift einige zehntausend Zeichen), während die Buchstabenschrift dieselbe Menge von Objekten mit etwa 20 bis 40 Buchstaben codiert. Diese Art der Codierung ist auch die Voraussetzung zur Signalisierung abstrakter Begriffe.
Der Übergang von der Bilderschrift zur Buchstabenschrift erinnert an den »Turmbau zu Babel« – durch zwei Analogien:

- Erstens ermöglicht die Buchstaben-Codierung den Aufbau informationeller Türme beliebiger Höhe, und
- zweitens führt die Willkür bei der Codierung zwangsläufig zum gegenseitigen Unverständnis zwischen den Benutzern verschiedener Codierungen, und es entsteht die babylonische Verwirrung, daß keiner des anderen Sprache versteht.

Bei den ältesten Hieroglyphen kann man ein Rind, ein Haus, eine Tür, eine Pflanze, einen Kopf usw. erkennen. Diese Hieroglyphen hielt man zuerst für kultische Zeichen, nicht jedoch für Texte.
Dies änderte sich mit dem Auffinden des »Steines von Rosette« im Jahre 1799 in Ägypten. Auf ihm war derselbe Text in drei verschiedenen Schriften dargestellt: In ägyptischen Hieroglyphen, in demotischer Volksschrift und in griechischer Schrift. Damit begann die Entzifferung der Hieroglyphen.
Diese Entzifferung veranschaulicht die grundsätzliche Problematik jeder sprachlichen Informationsübertragung: Sender und Empfänger müssen über ein Repertoire gemeinsamer Zeichen verfügen. Bei der Entzifferung der Hieroglyphen des »Steines von Rosette« war dieses gemeinsame Repertoire die griechische Übersetzung.
Die ersten schriftlich überlieferten Zeugnisse aus den alten Reichen zwischen Nil und Zweistromland waren schon sehr vielseitig:
Gesetze, Staatsprotokolle, Epen, Mythen, Märchen, Hymnen, ja sogar »Fachliteratur« über astronomische, geografische und medizinische Probleme.
Im Mittelalter wurden schriftliche Informationen vor allem von schreibenden Mönchen in Klöstern vervielfältigt. Die mechanische Vervielfältigung von Bildern und Texten wurde ein immer dringlicheres Bedürfnis.
»Blockbücher« in Holzschnitt-Technik gab es schon in alter Zeit – vor allem in China. Der entscheidende technische Fortschritt gelang dem Mainzer Goldschmied Johannes Gutenberg um das Jahr 1450: die Verwendung einzelner Typen aus Metall. Weitere Fortschritte brachte die Zylinderdruckpresse, die Linotype-Maschine – und die vielen anderen Erfindungen, welche den heutigen Rotationsdruck und Lichtsatz ermöglichen (siehe Abschnitt 8).

Die Anzahl der Presse-Erzeugnisse nahm mit enormer Geschwindigkeit zu: Gab es beispielsweise noch im Jahre 1700 weniger als zehn wissenschaftliche Zeitschriften, so waren es im Jahre 1900 etwa zehntausend – im Jahre 2000 könnte die Millionengrenze überschritten werden.
Dazu kamen aber neuerdings auch noch die elektrischen Medien. Die gesamte Entwicklung kann etwa durch folgende Zeittafel illustriert werden:

Urzustand:	Nichttechnische Kommunikation, z. B. durch unvermittelte Sprache, Marken, Zeichen, Schrift, Boten usw.
Seit 1500:	Buchdruck mit beweglichen Lettern
Seit 1600:	Zeitungen (im heutigen Sinn)
Seit 1850:	Elektrische Telegrafie
Seit 1880:	Fernsprechtechnik
Seit 1920:	Hörrundfunk
Seit 1950:	Fernsehrundfunk
Seit 1970:	Datenübertragung

Die Informationsgesellschaft

Die Erfindung des Buchdrucks hat unsere Welt gründlich verändert: Ohne Buchdruck wären Aufklärung und bürgerliche Freiheit schwerlich – wenn überhaupt – gekommen. Das Blei aus dem Setzkasten war stärker als das Blei aus der Flinte. Gegenwärtig ereignet sich wieder eine ähnliche technische Veränderung unserer Welt: Die Heraufkunft neuer elektronischer Medien. Hier sind vor allem zu nennen:

1. Das Kabelfernsehen, bei dem eine größere Anzahl (12 bis 60) von Rundfunk- und Fernsehprogrammen dem Konsu-

menten in technisch hoher Qualität angeliefert wird. Hier kommen die Signale nicht mehr »durch die Luft« – sondern über materielle Leitungen, vor allem Koaxialkabel aus Kupfer oder Glasfasern.

2. Der Bildschirmtext, mit dessen Hilfe praktisch jede interessierende Information lesbar auf den Bildschirm gebracht werden kann – von den neuesten Nachrichten bis zum Kontostand. Hierfür wird der Fernsehempfänger über das Fernsprechsystem mit einer Datenzentrale verbunden.

3. Das direkte Satellitenfernsehen, bei dem der heimische Fernsehempfänger unmittelbar vom Satelliten empfängt. Hierzu wird ein hochempfindlicher Empfänger und eine Parabolantenne gebraucht, die genau auf den geostationären Fernmeldesatelliten ausgerichtet werden muß.

4. Videorecorder und Bildplatten verbesserter technischer Qualität, mit denen selbstaufgenommene oder fertig gekaufte Fernsehprogramme jederzeit abgespielt werden können.

Von Wichtigkeit sind aber auch noch einige technische Fortschritte, von denen der Konsument unmittelbar kaum etwas bemerkt:

– Mikrocomputer leisten gegenwärtig ähnliches wie vor zwanzig Jahren säleüllende Maschinen – und für deren weitere Miniaturisierung und Geschwindigkeitssteigerung ist noch gar kein Ende abzusehen. Die Ausbreitung von Computern für persönliche, individuelle Zwecke ist eine Folge der Verkleinerung und Verbilligung der Computer und deren einfachem Gebrauch.

– Massenspeicher (mit Vielfach-Magnetband-Speicher) können Billionen (Millionen mal Millionen) alphanumerischer Zeichen speichern – soviel wie große Bibliotheken mit

einigen hunderttausend Büchern. Aus solchen Massenspeichern kann jede adressierte Information in Sekundenschnelle entnommen werden – was bei den Bibliotheken sicher nicht möglich ist. Das Vorhandensein derartiger Speicher ist Voraussetzung zukünftiger Informationssysteme, mit denen praktisch jede beliebige Information abgerufen werden kann.
– Haardünne Glasfasern können bei der Informationsübertragung dicke Kupferkabel ersetzen. Über eine solche Glasfaser kann man beispielsweise den Informationsgehalt der ganzen Bibel in einer einzigen Sekunde übertragen.

Angesichts dieser neuen Möglichkeiten der Informationstechnik sind beträchtliche wirtschaftliche und gesellschaftspolitische Auswirkungen zu erwarten (Abschnitt 8).
Man könnte aus diesen oder jenen Gründen versucht sein, die Entwicklung der Informationstechniken zu ignorieren und so weiterzumachen wie bisher.
Aber dies verbietet sich aus verschiedenen Gründen:

1. Wer als Einzelperson versucht, sich aus dem informationellen Netz herauszuhalten, ist nicht mehr »auf dem Laufenden«, und wird zum Außenseiter.
2. Eine Industrienation, die hier nicht Schritt hält, wird in allen technischen und wirtschaftlichen Bereichen zurückfallen. Dies kann sich unser dichtbesiedeltes und ressourcenarmes Land nicht leisten.

Orwells Warnung von 1948 und die Realität von 1984

George Orwell – einst Polizeioffizier in der britischen Kolonialverwaltung, später sozialistischer Mitkämpfer im spanischen Bürgerkrieg – veröffentlichte 1948 die englische Urfassung seines utopischen Romans »1984«, der – warnend! – den Mißbrauch der Informationstechnik zum Aufbau eines grauenhaften totalitären Systems beschreibt: Da kontrollieren »Televisoren« die Bürger und machen »Gedankenverbrecher« ausfindig, da regelt das »Wahrheitsministerium« den Sprachgebrauch und erklärt Personen zu »Unpersonen«, da gibt es »Zwei-Minuten-Haß-Sendungen«. Das Ganze beherrscht der »*Große Bruder*« und die Devise der Staatspartei:

Krieg bedeutet Frieden,
Freiheit ist Sklaverei,
Unwissenheit ist Stärke!

In diesem totalitären System kann man nur noch ganz heimlich sagen:

»Freiheit ist die Freiheit zu sagen, daß zwei und zwei gleich vier ist. Sobald das gewährleistet ist, ergibt sich alles andere von selbst.«

Die Warnungen Orwells wurden in unserer Zeit vor allem zur Diffamierung der modernen Informationstechnik mißbraucht. Aber dies führt in die Irre:

– Den totalitären Staat kann man mit oder ohne moderne Informationstechnik schaffen. Desinformieren, manipulieren und überwachen kann man auch ohne sie. Tyrannei und Meinungsterror gab es lange vor der elektronischen Informationstechnik –

– aber die moderne Informationstechnik muß durchaus *nicht* in den Totalitarismus führen. Man kann mit ihr den Schutz der Demokratie ebenso betreiben wie deren Zerstörung.

Ob es zum Orwell'schen Totalitarismus kommt oder nicht, hängt *nicht* von der benutzten Informationstechnik ab, sondern von der Vernunft derer, die Macht ausüben und derer, welche diese Macht kontrollieren.
In die vielen Diskussionen über Orwell und seinen utopischen Roman »1984« wurde schlechterdings jedes Übel unserer Zeit hineingemuddelt: Von den Umweltproblemen bis zur Kriegsgefahr.
Ich meine, man sollte Orwells Botschaft präziser aufnehmen:

> Orwell warnte vor dem Leben mit der Lüge,
> der unwidersprochenen Lüge,
> der unwidersprechbaren Lüge.

Darf ich zu dem Leben mit der Lüge einige Anmerkungen machen:

a) Für die gegenwärtige Massenkommunikation ist das Wichtigste »anzukommen«, die Akzeptanz. Dabei besteht die Gefahr, daß der Wahrheit nur eine untergeordnete Rolle zugewiesen wird.
Typisch hierfür war der Skandal mit den gefälschten »Hitler-Tagebüchern«. Aber wie viele Halb- und Viertelwahrheiten nehmen wir täglich auf, ohne daß uns dies bewußt wird?

b) Die Aufklärung war der *»Ausgang des Menschen aus seiner selbstverschuldeten Unmündigkeit«*.
Aber so, wie sich die Massenkommunikation entwickelt, wird sie zur Rückkehr in die Unmündigkeit.

Schon Bert Brecht forderte, den Rundfunk von einem Distributionsapparat in einen Kommunikationsapparat umzuwandeln. Angesichts der Hunderttausende, die in unserer Zeit agitieren und demonstrieren, stellt sich die Frage: Wie viele von ihnen tun dies wohl aus autonom begründbarer Einsicht – und wie viele aufgrund Orwellscher Fernsteuerung?

c) Bei Orwell erscheint das »Wahrheitsministerium« als Autorität, der man nicht widersprechen kann. In einem liberalen und demokratischen Rechtsstaat müßte man jedermann widersprechen können. Aber entstehen bei uns gegenwärtig nicht auch Autoritäten, denen man nicht widersprechen kann?
(Siehe hierzu Abschnitt 13.)

d) Die klassische Gewaltenteilung zwischen

Gesetzgebung,
Vollzug und
Rechtssprechung

wurde praktisch ersetzt durch eine andere, in der die Massenmedien ganz oben stehen. Die Grundsätze, die eine liberale Demokratie vor Aufkommen der Massenmedien garantierten, können diese nach Aufkommen der Massenmedien nicht mehr garantieren.

e) Lassen Sie mich schließlich die geistigen Veränderungen in extremer Verkürzung so kennzeichnen:

Luther suchte einen gnädigen Gott,
die Aufklärer suchten die Wahrheit –
aber heutzutage sucht man das gute
Image in den Massenmedien.

Denkmodelle

Als »Realität« bezeichnen wir umgangssprachlich ebenso wie im wissenschaftlichen Sprachgebrauch Sachverhalte, von denen wir glauben, daß sie auch ohne unsere Wahrnehmung existieren.
Von »Modellen« wird häufig dann gesprochen, wenn bestimmte Objekte abgebildet werden. Unser Denken macht ständig Gebrauch von Modellen – von »Denkmodellen«.
Der normale, erwachsene Mensch hat viele Eindrücke von der Außenwelt empfangen und zum Teil abgespeichert, so daß ihr unvollkommenes Abbild in ihm existiert, auch wenn er sie nicht mit seinen Sinnen wahrnimmt.
Ohne daß wir die betreffenden Objekte vor uns haben, können wir Aussagen über sie machen, zum Beispiel ein Haus beschreiben oder angeben, wie diese Objekte auf bestimmte Eingriffe reagieren, zum Beispiel ein Auto, wenn wir aufs Bremspedal treten. An den inneren Modellen können wir also gedanklich »probieren«, was wir tun müssen, um eine bestimmte Wirkung zu erzielen.
Diese inneren Modelle haben sich im Laufe unseres Lebens aufgrund von Beobachtungen und Eingriffen in die Außenwelt, aber auch aufgrund gesellschaftlicher Kommunikation gebildet.
Vor allem beim Lernen und Spielen entstehen innere Modelle. Voraussetzung rationalen Denkens ist, daß die inneren Modelle die Eigenschaften der Realität möglichst exakt abbilden. Die Erkenntnistheorie versucht zu zeigen, wie aus der Wahrnehmung der Realität bestimmte Denkmodelle entstehen. Hierfür ist die Grundkonstellation, daß der wahrnehmende Mensch einer Außenwelt gegenübersteht, die er in irgendeiner Weise zu verändern sucht. Wahrnehmung allein – ohne Interesse – führt normalerweise nicht zur Entwicklung

von Denkmodellen: Sie bedarf auch noch einer geeigneten Motivation.

Die Naturwissenschaften benutzen vielerlei Modelle: Atommodelle, Molekülmodelle, Evolutionsmodelle, Verhaltensmodelle usw. Ökonomen haben Marktmodelle, Soziologen Gesellschaftsmodelle und philosophische Haltungen sind vielfach durch Modellvorstellungen bestimmt, so zum Beispiel durch das Denkmodell der Dialektik.

Nach diesen Erläuterungen können wir manche Denkvorgänge so schematisieren: Um ein Problem zu lösen, untersuchen wir an unserem Vorrat innerer Modelle, welche unter vielen möglichen Maßnahmen (oder deren Kombination) zur Problemlösung führt – eventuell auch, welche mit dem geringsten Aufwand zur Lösung führt.

Doch fragen wir noch: Weshalb bevorzugt das menschliche Bewußtsein Modelle gegenüber den Originalen? Dies kann u. a. so begründet werden: Die Anwendung von Modellen ist ökonomischer als die Anwendung der Originale bzw. deren informationeller Kopie.

Der begrenzte Mensch in der Informationsflut

Grundlegend für ein Verständnis von Information und Kommunikation ist die informationelle Unzulänglichkeit des Menschen.

Als informationelle Unzulänglichkeit des Menschen sei die Tatsache bezeichnet, daß das Bewußtsein des Menschen der Komplexität seiner Welt nicht gewachsen ist.

Diese Unzulänglichkeit hat mehrere Aspekte:

1. Die Unzulänglichkeit der Informationsaufnahme: Der Mensch kann in begrenzter Zeit nur wenig Information aufnehmen. Deshalb ist der Zeitbedarf zum Verständnis komplizierter Sachverhalte oft größer als verfügbar ist – häufig muß man vorzeitig entscheiden oder handeln.
2. Die unzulängliche Kapazität des Gedächtnisses: Die gesamte Informationsmenge, die der Mensch speichern kann, ist wesentlich geringer als die Informationsmenge, die zur Beschreibung seiner Welt notwendig ist und »eigentlich« sein Denken und Verhalten bestimmen müßte.
3. Die unzulängliche Kapazität des Gegenwartsspeichers des Menschen, seine allzu kleine Werkstatt des Denkens.

Man sollte sich hierüber nicht täuschen: Das menschliche Gehirn entstand nicht zwecks Verständnis der Industriegesellschaft, sondern zwecks Existenzerhaltung unter Bedingungen, die von den gegenwärtigen wesentlich verschieden waren.
Die informationelle Situation des Menschen entspricht – wenn ein solcher technizistischer Vergleich erlaubt wird – der eines zu kleinen »Computers«, dem ständig Aufgaben gestellt werden, die seine Aufnahme-, Verarbeitungs- und Speicherkapazität bei weitem überfordern.
In dieser mißlichen Situation verhält sich der »Computer« sehr geschickt: Er wählt aus, was erfahrungsgemäß das wichtigste ist und verarbeitet es mit Methoden, die häufig zu brauchbaren Ergebnissen führen, auch wenn sie nicht immer exakt sind.
Um Mißdeutungen dieses technizistischen Vergleichs vorzubeugen: Dieser »Computer« unterscheidet sich von allen technischen Computern dadurch, daß er die Erfahrungen von Jahrmilliarden biologischer und von Jahrtausenden kultureller Entwicklung in sich hat.
Das Mißverhältnis zwischen der Menge der Information, die

eigentlich verarbeitet werden müßte und derjenigen, die tatsächlich verarbeitet werden kann, war im Laufe der Geschichte noch nie so kraß wie in unserer Zeit.
Von G. W. Leibniz wurde gesagt, er habe noch eine vollständige Übersicht über das gesamte Wissen seiner Zeit (des 17./18. Jahrhunderts) gehabt. Dies kann sicher von keinem Zeitgenossen mehr behauptet werden: Für den einzelnen sind nur noch winzige Teile des heutigen Wissens verstehbar.
An den Lexika zeigt sich deutlich das Mißverhältnis zwischen der Komplexität unserer Welt und der unzureichenden Kapazität unseres Gedächtnisses: So kann zum Beispiel der Informationsgehalt eines dreizehnbändigen Lexikons auf etwa ein Zehntel Gigabit (hundert Millionen Bit) geschätzt werden. Wer machte sich anheischig, dessen Inhalt aus dem Kopf korrekt oder auch nur sinngemäß zu reproduzieren?
Aber es gibt keinen Zweifel daran, daß jenes Zehntel Gigabit nur ein winziger Bruchteil des gegenwärtig insgesamt verfügbaren Wissens ist. Dieses Gesamtwissen wurde schon in der Größenordnung von Millionen Gigabit abgeschätzt. Auch wenn dies um Zehnerpotenzen unsicher sein mag, so gibt es doch keinen Zweifel daran, daß die gesamte Menge des Wissens viel, viel größer ist, als das Bewußtsein des Menschen zu fassen vermag.
Würde ein Rundfunksprecher ein Jahr lang täglich acht Stunden sprechen, dann könnte er etwa den Inhalt des dreizehnbändigen Lexikons bringen. Für das gesamte Wissen unserer Zeit müßte der Rundfunksprecher aber viele Millionen Jahre sprechen – und der Hörer müßte ebenso viele Millionen Jahre zuhören, also ein Vielfaches seiner Lebenszeit.
Das Wissen unserer Zeit entspricht einem ungeheuer großen und rasch wachsenden Gitter aus Begriffen, zwischen denen Beziehungen bestehen – und unser Bewußtsein einem Käferchen, das in diesem ungeheuren Gitter herumkrabbelt: Es kann günstigstenfalls zwei oder drei oder vier Begriffe und ihre

Beziehungen gleichzeitig erfassen, es gelingt ihm aber nicht, das Gitter in seiner Gänze zu überblicken, seine Ordnung zu begreifen und hierüber allerseits verbindliche Aussagen zu machen.

Unser Wissen ist Stückwerk. Dies sagte schon die Bibel – und sagt neuerdings die Informationstheorie. Wer absolute Aussagen macht, beweist vor allem sein Unverständnis der informationellen Unzulänglichkeit des Menschen.

Die informationelle Unzulänglichkeit des Menschen zeigt sich auch deutlich an unterschiedlichen Ideologien: Unterschiedliche Abbildungssysteme unserer komplexen Welt, denen unterschiedliche Bereiche des Gitters vertraut oder fremd sind.

Der Sinn der Dialektik ist nur durch die informationelle Unzulänglichkeit des Menschen verstehbar: Ein und derselbe Sachverhalt bietet sich Wahrnehmungen aus unterschiedlichen, begrenzten Betrachtungsrichtungen in verschiedenen Gestalten dar – und allen können zutreffende Aussagen entsprechen.

Wäre der Mensch unbegrenzt wahrnehmungsfähig, dann gäbe es keine Dialektik.

Die Folgen der informationellen Unzulänglichkeit des Menschen zeigen sich in vielen praktischen Situationen.

Beispielsweise steht der forschende Wissenschaftler ständig vor dem Dilemma: Soll ich meine Zeit eigener Forschung widmen oder soll ich suchen, was andere schon gefunden haben?

Versucht er, fremde Publikationen erschöpfend zu analysieren, dann kommt er nicht zu eigener Forschung. Forscht er jedoch ohne Beachtung fremder Publikationen, dann entdeckt er möglicherweise nachträglich, daß seine Ergebnisse schon bekannt sind.

Noch härter trifft die informationelle Unzulänglichkeit den Publizisten, der nicht nur in der allgemeinen Mangelsituation steht, sondern seine Aussagen auch noch in begrenzter Zeit machen muß.

Wohl am härtesten trifft die informationelle Unzulänglichkeit aber diejenigen, die schwerwiegende Entscheidungen treffen müssen. Solche Entscheidungen müssen meist schnell getroffen werden, es ist meist nicht möglich, in langwierigen Recherchen »alle« relevanten Informationen herbeizuschaffen.

Die »zweitbeste« Entscheidung sofort ist meist besser als die »beste« Entscheidung später.

Besonders betroffen von diesem Zwang zur raschen, riskanten Entscheidung ist der Chirurg: Er kann vor dem geöffneten Körper eines Patienten nicht auf die möglicherweise allerbeste Vorgehensweise warten, die ihm eine mehrjährige Forschungsarbeit bringen könnte, sondern muß schnell die aus aktueller Sicht »beste« Entscheidung treffen.

Maßlos informiert

Wohl die stärksten Veränderungen unseres Zusammenlebens ergaben sich in unserer Zeit durch die Massenmedien, die enorme Informationsmengen in Ton, Bild und Schrift an die Öffentlichkeit herantragen. Diese Veränderungen können durch drei Aussagen charakterisiert werden:

1. Die Information – noch vor einer Generation Mangelware – wurde zum Überfluß und Überdruß.
2. Die Industrialisierung der Informationsproduktion führte vielfach dazu, daß die Verantwortung für die produzierte Information verlorenging.
3. Die produzierte Information ist vor allem durch die Sachzwänge der Informationsverteilung bestimmt, beispels-

weise setzen sich leichtverständliche Weltbilder gegen gute Weltbilder meist durch.

Ich versuchte, diese Probleme durch den Buchtitel »Maßlos informiert« zu erfassen: Wir nehmen sehr viel Information auf – maßlos viel – und diese Information kann großenteils nicht bestehen vor den Maßstäben der Erfahrung, der Vernunft und des Sachverstandes.
Ein gravierendes Manko vieler Informationsproduzenten ist ihre – unvermeidbare! – sachliche Inkompetenz bei – leider! – fehlender Bewußtheit derselben.
Ihr Element ist die Verstehensillusion – und zwar die, in der sie selbst befangen sind und die, die sie bei den Konsumenten erzeugen.
Damit hängt die Schnelle des Urteilens zusammen: Wenn Menschen und Fakten erst einmal aus ihren historischen und sozialen Bezügen herausgelöst sind, wenn sie auf das hier und jetzt Erklärbare reduziert sind, kann man schnell endgültige Urteile fällen.
So ist der Moralismus nirgendwo so billig wie in den Massenmedien und Diffamierung so risikolos.

Der Verlust der Erfahrung

Wenngleich die Technik wirksame Medien zur Überwindung räumlicher und zeitlicher Distanzen zur Verfügung hat, ist es dennoch Tatsache, daß praktisch die Überwindung räumlicher Distanzen leicht, die Überwindung zeitlicher Distanzen aber schwer gelingt.
Hier ist an die ganz banale Tatsache zu erinnern, daß zwar die aktuell vorhandene Welt von den Medien der Informations-

technik erfaßt werden kann – daß aber die einst gewesene Welt nicht mehr rückwirkend erfaßt werden kann.

Es macht schon Schwierigkeiten, alte Bücher in ungenormter Schrift in die Speicher der Informationssysteme zu übernehmen. Mit dem Menschen auf dem Mond können wir sprechen – nicht aber mit dem Menschen der vorigen Generation.

Durch die gegenwärtige und voraussehbare Entwicklung der Informationstechnik wird unser Weltbild immer mehr ein Weltbild des momentan irgendwo sich Ereignenden – und immer weniger ein Weltbild, das Ursachen und Wirkungen, menschliches Verhalten und seine Folgen zeigt.

Der Verlust der historischen Dimension schwächt die persönliche Eigenart. Eigenwillige Wege, Abweichungen von der gegenwärtigen Methode brauchen die historische Begründung.

Die Kenntnis der momentanen Situation ermöglicht opportune Optimierung – nur die Erfahrung, wie all das wurde, schafft das Fundament für das »Hier stehe ich, ich kann nicht anders!«

Der normierende Einfluß allgemein benutzter Klassifikationssysteme

Bei der Information gibt es – wie bei materiellen Gütern – Produzenten und Konsumenten. Die Frage ist, wie man den Austausch zwischen ihnen wirkungsvoll organisiert.

Im Jahre 1970 beauftragte die Regierung der Bundesrepublik Deutschland eine interministerielle Arbeitsgruppe, Vorschläge für die Planung und den Aufbau eines allgemeinen

arbeitsteiligen Informationsbankensystems für die Bundesrepublik Deutschland auszuarbeiten.
1974 beschloß das Bundeskabinett das »Programm zur Förderung der Information und Dokumentation« (IuD-Programm), das (nach H. Matthöfers Formulierung) davon ausgeht,

»daß es weitgehend eine öffentliche Aufgabe ist, durch planende, organisatorische und finanzielle Maßnahmen ein leistungsfähiges Informationsgefüge zu schaffen, das den zunehmenden Informationsbedürfnissen der modernen Gesellschaft genügt.«

Im IuD-Programm fand sich mehrfach die Forderung, es müsse zu »leistungsfähigen Einheiten« zusammengefaßt werden, um die »weitgehend strukturlose Vielfalt der Informations- und Dokumentationseinrichtungen« zu beseitigen. An ihre Stelle sollten zentrale Bürokratien treten, die wahrscheinlich konkurrierenden Organisationen wenig Raum lassen würden. (Diese Formulierungen wurden in späteren Auflagen des IuD-Programms weitgehend beseitigt – aber sie charakterisieren doch die zugrundeliegende Motivation.)
Bedenklich ist die Gefahr der Manipulation. Diese sei – mit A. Gehlen – verstanden als die Kunst, *»jemand zu einem Zweck zu gebrauchen, den er nicht kennt.«*
Der Artikel 5 unseres Grundgesetzes schützt die Freiheit der Information – auch frei von staatlicher Lenkung.
Wie aber ist diese Freiheit vereinbar mit der Absicht des IuD-Programms, durch zentrale Instanzen eine »Verdichtung der Information« vorzunehmen, eine »Selektion der Informationen, die speziell für eine bestimmte Benutzergruppe notwendig sind«?
Zwar wird ausdrücklich gesagt, all dies habe »sachlich und wahrheitsgetreu zu erfolgen« – aber was ist schon »wahrheits-

getreu« und wie soll eine anonyme Bürokratie »Wahrheit« garantieren?
Ich fürchte, daß so die Keime für ein »Wahrheitsministerium« gelegt werden.
Wie gesagt: In neueren Ausgaben des Programms wurden diese kritisierten Aussagen beseitigt.
Aber da bleibt noch ein schlimmeres Problem, das m. W. bisher noch nirgends gelöst wurde: Der Ideologie-Gehalt jeder Klassifikation. Klassifikation und Deskribierung waren bisher eine Wissenschaft oder vielleicht auch Kunst von Spezialisten, vor allem von Dokumentaren. Aber neuerdings stehen sie »vor der Tür« der Redaktionsstuben und der Öffentlichkeit – vor allem durch die Benutzung des zentralen Informationssystems, z. B. als Suchstruktur für den Bildschirmtext.
Die Vorgabe solcher Strukturen ist kein nebensächlicher Vorgang, sondern wird schnell große praktische Bedeutung erlangen und dann allgemein Denken, Kommunikation und Publizistik bestimmen.
Wer am besten unterscheidet, sei der beste Philosoph – wurde einst gesagt. Wenn aber die Unterscheidungen durch die Suchstrukturen und Klassifikationssysteme vorgegeben sind, ist auch die Philosophie vorgegeben.
Glaube niemand, hier könnten Form und Inhalt säuberlich voneinander getrennt werden: Nein, die Festlegung der Klassifikationsstruktur zerstört die Pluralität und bestimmt das Denken allgemein sehr tiefgreifend.
Hierdurch wird die Kreativität vermindert.
Zweifellos muß bei Information und Dokumentation Effizienz angestrebt werden – aber manchmal schließen sich Effizienz und Kreativität gegenseitig aus. Effizienz verlangt einheitliche und widerspruchsfreie Darstellung, Kreativität braucht vielfältige und kontroverse Darstellungen.

10. »Wissenschaft für den Frieden«

Europa auf dem Pulverfaß
Die Interessen unseres Volkes
Was Wissenschaft beitragen könnte
Die Asymmetrie und ihre leichtfertige Vergrößerung

Europa auf dem Pulverfaß

Ein großer Krieg mit atomaren, biologischen oder chemischen Waffen ist wohl die größte Gefahr unserer Zeit.
Der Erste Weltkrieg hat etwa fünf Millionen Menschen das Leben gekostet, der Zweite Weltkrieg etwa fünfzig Millionen – aber ein zukünftiger Krieg könnte die Menschheit gänzlich auslöschen. Schwer bedroht ist vor allem Europa – am stärksten Deutschland: An der Grenze zwischen den beiden feindlichen Machtblöcken, inmitten einer ungeheuren Rüstungskonzentration.
Manche der großen Gefahren der Vergangenheit – wie Pest oder Hungersnöte – konnten mit Hilfe der Wissenschaft abgewandt werden. So stellt sich jetzt die Frage: Kann auch ein großer Krieg mit ABC-Waffen mit Hilfe der Wissenschaft abgewandt werden?
Diese Hoffnung wurde zeitweise genährt durch Zeitungsannoncen, in denen Leute mit akademischen Titeln ihren Abscheu vor einem Krieg öffentlich kundtaten oder auch durch den Kongreß »Verantwortung für den Frieden – Naturwissenschaftler warnen vor neuer Atomrüstung« am 2./3. Juli 1983 in Mainz.
Es ist mir nicht bekannt, daß diese Aktivitäten politisch irgend etwas bewirkt hätten, sicher haben sie die Kriegsgefahr nicht vermindert. Von der erhofften Parallelaktion mitteldeutscher Wissenschaftler in der DDR beim Kampf für die allgemeine Abrüstung wurde nichts bekannt – es gab dort lediglich Verhaftungen.
Der Kongreß in Mainz benutzte für seine Werbung Bilder von Albert Einstein. Hierbei wurde wohl übersehen, daß Einstein den Bau der ersten Atombombe ausdrücklich empfohlen hatte.
Über ihn schrieb R. W. Clark:

»So wurde Einstein, von Natur aus Pazifist, wieder einmal dazu getrieben, einzugestehen, daß Gewalt notwendig ist.«
(Buch »Einstein und sein Werk«, Bechtle Verlag, Esslingen 1974)

Wenn wir uns nicht in oberflächlichem Aktionismus verlieren wollen, dann müssen wir überlegen, aus welchen Gründen auch in unserer Zeit Waffen notwendig sein können.
Lassen Sie mich bitte – angesichts vieler vollmundiger Reden – dieses deutlich sagen: Ein Wissenschaftler, der etwas von Kernreaktionen oder Radioaktivität versteht, wird hierdurch noch lange nicht zum Fachmann für Friedenserhaltung!
Für die folgenden Überlegungen ist es nützlich, einige kaum bestreitbare Tatsachen festzustellen:

- Auch ein »konventioneller Krieg« wäre in unserer Zeit fürchterlich.

- Die Verfügung über ABC-Waffen liegt nicht in der Hand deutscher Instanzen – die Bundesrepublik Deuschland ist in den strategischen Auseinandersetzungen vorwiegend Objekt.

- Man kann davon ausgehen, daß es in unserem Lande keinen politisch Verantwortlichen gibt, der einen Krieg will. Die Auseinandersetzungen in unserem Lande gehen nicht um die Frage, ob man Krieg oder Frieden *will*, sondern um die Frage, durch welches Verhalten wir die Wahrscheinlichkeit eines Krieges möglichst klein machen können.

- Dabei sollten wir bedenken, daß strategische Zusammenhänge und Militärsysteme sehr kompliziert sind und nicht mit simplen Schlagworten erfaßt werden können.

Ferner:

Ich bin überzeugt davon, daß keine der beiden Supermächte – weder die USA noch die UdSSR – einen großen Krieg bewußt will: Einerseits wegen der voraussehbar hohen eigenen Verluste (auch im Falle eines »Sieges«), andererseits wegen der Zerstörung der möglichen Kriegsbeute, beispielsweise des hochindustrialisierten Mitteleuropas.

– Aber trotzdem kann ein großer Krieg ausbrechen, beispielsweise durch Eskalation aus untergeordneten Anlässen heraus, durch technische Pannen in der Kriegsautomatik oder durch Irrtümer der Entscheidenden, die sich ja trotz aller »heißen Drähte« immer wieder mißverstehen.

Angesichts der vielen Verdächtigungen der Amerikaner, sie wollten einen Atomkrieg, während die Sowjetunion friedfertig sei, sollte man sich der Tatsache erinnern, daß lange Zeit ausschließlich die Amerikaner Atomwaffen besaßen und diese auch hätten einsetzen können, dieses aber nicht getan haben. Andererseits ist typisch für die Sowjetunion, was die BNN am 2. 1. 85 schrieb:

»Wer die sogenannten Friedensinitiativen roter Prägung seit Ende des Zweiten Weltkrieges einmal gründlich analysiert, entdeckt sehr schnell als propagandistisches Hauptmotiv, den Sinn unserer Öffentlichkeit für die militärischen Realitäten einzuschläfern: Die Wirklichkeit jener SS-20-Raketen, die man sich zu Hochzeiten vermeintlicher Entspannung zulegte, um einen strategischen Keil zwischen Europa und die USA zu treiben, oder den inzwischen deutlichen Vorsprung der Sowjets bei der Erforschung des Weltraums zur Kriegsführung, den die Kreml-Herren jetzt festschreiben

möchten, nachdem die USA im All nachziehen. Auch zeichnet die Moskauer Abrüstungspläne stets aus, daß auf Treu und Glauben gehandelt werden sollte. Kontrolle? Nein danke.«

Eine umstrittene Frage ist das gegenwärtige Kräfteverhältnis zwischen der NATO und dem Warschauer Pakt.
So wurde beispielsweise im »Spiegel« 15/1983 lapidar konstatiert: »Militärmacht UdSSR – im Westen überschätzt«.
Aber wenige Wochen später (»Spiegel« 23/1983) ging H. Ehmke ganz selbstverständlich vom eurostrategischen Ungleichgewicht aus.

»Ein Verzicht der NATO auf den Ersteinsatz von nuklearen Gefechtsfeldwaffen setzt nicht nur einen entsprechenden Verzicht des Warschauer Paktes, sondern auch dessen Bereitschaft voraus, durch Truppen- und Rüstungsreduzierungen zu einem Abbau der konventionellen Überlegenheit in Europa beizutragen, die der Ausgangspunkt der geltenden NATO-Doktrin von der Erforderlichkeit eines nuklearen Ersteinsatzes gewesen ist.«

Auch der französische Verteidigungsminister Hernu ging ganz selbstverständlich davon aus, daß die UdSSR überrüstet ist (»Spiegel« 26/1983).
Den gegenwärtigen Zustand der Konfrontation in Europa beschrieb G. Schmid (in seinem Buche »Sicherheitspolitik und Friedensbewegung«, Olzog-Verlag, München 1983) so:

»Für die USA und UdSSR bedeuten die modernisierten nuklearen Mittelstreckensysteme in und für Europa der jeweils anderen Seite den Einstieg in eine völlig neue Bedrohungsqualität, während die neuen eigenen Waffen in der Regel lediglich als ›Routinemodernisierungen‹ qualifiziert

werden. Beide Seiten unterstellen einander, mit diesen Systemen, vor allem durch ihre verbesserte Zielgenauigkeit und ihre (relative) Unverwundbarkeit, neue ›verfeinerte‹ Kriegsführungsmöglichkeiten gewonnen zu haben bzw. zu gewinnen.

Die Behauptung, ein Kernwaffeneinsatz werde dadurch ›wahrscheinlicher‹, ist allerdings bloße Spekulation, zumal diese Waffensysteme durchaus auch zu einer Stabilisierung der Abschreckung beitragen können, weil sie die ›Siegchance‹ des möglichen Gegners aufgrund des unberechenbaren Risikos drastisch reduzieren ... Festzuhalten ist, daß die eher defensive ›flexible Erwiderung‹ der NATO eine möglichst frühzeitige Beendigung eines einmal ausgebrochenen (Nuklear-) Krieges auf möglichst niedrigem Schadensniveau vorsieht. Eine derartige Zielsetzung weist die Warschauer Pakt-Doktrin nicht auf. Ihre Offensivstrategie und Fähigkeit ist – auch bei möglicherweise defensiven Beweggründen – stabilitätsfeindlich und verschafft der östlichen Supermacht einen erheblichen Vorteil, zumal sie nicht dem Zwang unterliegt, eigene konventionelle ›Lücken‹ durch den angedrohten Ersteinsatz von Atomwaffen ausgleichen zu müssen.

Ein psychologischer Vorteil kommt hinzu: Die Regierungen der Mitgliedsländer der Warschauer Vertragsorganisation haben, anders als im Westen, keine innenpolitischen Probleme mit der Rechtfertigung von Modernisierungsmaßnahmen ihrer Atomwaffen. Im östlichen Teil Europas und in der Sowjetunion findet keine mit dem Westen vergleichbare öffentliche Strategiediskussion statt, obwohl sich auch dort unterschiedliche Auffassungen über Möglichkeiten und Grenzen von Abschreckungspolitik erkennen lassen.«

Die Interessen unseres Volkes

Die Interessen unseres Volkes sind denen der beiden Supermächte nicht »äquidistant« – es kann uns nicht gleichgültig sein, welches der beiden ideologischen Systeme schließlich die Welt beherrscht.
Ich bin bereit, meinen Kindern und Enkeln eine Welt zu hinterlassen, welche dem »American way of life« ähnelt – aber ich möchte nicht, daß sie dereinst so leben müssen, wie Millionen Russen gegenwärtig leben müssen oder wie das polnische oder das afghanische Volk vergewaltigt werden.
Und ich meine, ein Leben in relativer Freiheit ist es wert, einige geistige Antstrengungen auf sich zu nehmen.
Ein zentraler Punkt unserer Überlegungen ist: Welchen Rang nimmt die Friedenserhaltung in unserem politischen Verhalten ein? Wie problematisch dies ist, möge folgendes verdeutlichen:

- Sollten wir die Erhaltung des Friedens als *oberstes* Ziel unserer Politik öffentlich deklarieren – weil ja durch einen Krieg alles Leben ausgelöscht werden könnte – oder
- sollten wir die Friedenserhaltung mit anderen politischen Zielen (z. B. der Freiheit) in einen wohlüberlegten Kanon politischer Ziele einordnen, weil wir sonst politisch beliebig erpreßbar werden und Frieden ohne Freiheit weder wahrscheinlich noch wünschenswert ist?

Hierzu hat André Glucksmann (in seinem Buche »Philosophie der Abschreckung«, Deutsche Verlagsanstalt, Stuttgart 1984) Bedenkenswertes gesagt:

> »Wir können nicht geloben: alles, nur nicht Auschwitz, wenn ›alles‹ ein vervielfachtes Hiroshima in Ost und West bedeutet – und schon breitet sich der Gulag vor unseren

ohnmächtigen Blicken aus. Ebensowenig können wir leichtfertig verkünden: alles, nur nicht Hiroshima, wenn wir uns der Erinnerung nicht verschließen, daß es Orte gibt, an denen ›der Tod bedeutet, etwas Schlimmeres als den Tod zu fürchten‹ (Adorno)...
Wenn die Schreckgespenster der Kolyma die Aussagen von Adorno bestätigen, wenn das Leben in den Lagern sich als schlimmer erweisen kann als der Tod, dann habe ich einen Grund, und nur diesen einen, das Risiko einzugehen, atomar zugrundezugehen, zusammen mit denen, die ich liebe...
Lassen Sie sich sagen, daß ich das Risiko vorziehe, zusammen mit einem Kind, das ich liebe, in einem Schlagabtausch von Pershing und SS-20 zugrundezugehen als mich mit dem Gedanken an seine Verschleppung in irgendein Sibirien irgendwo auf der Welt abzufinden.«

Was Wissenschaft beitragen könnte

Eine gründliche Analyse dieser Problematik wäre m. E. eine Aufgabe ersten Ranges für »die Wissenschaft«.
Aber die vielerlei angeblich »wissenschaftlichen« Aktivitäten, die bisher bekannt wurden, haben die verbreitete Ratlosigkeit nicht aufgeklärt.
Eine wissenschaftliche Behandlung der Friedensproblematik müßte:

– Mit historischen Erfahrungen vereinbar sein,

- im Sinne allgemein akzeptierter Regeln logischen Denkens »richtig« sein – und
- Anweisung für praktisches Handeln liefern.

Aber bisher gibt es vorwiegend öffentliche Bekundungen, daß auch Wissenschaftler Angst haben und ratlos sind.
Wenn ich in diesem Zusammenhang an die historische Erfahrung erinnere, so möchte ich z. B. daran erinnern, daß nach Meinung vieler kompetenter Fachleute Hitler seine Kriege im Glauben angezettelt hat, die westlichen Demokratien seien unfähig, sich militärisch zu wehren.
Ebenso ist zu vermuten, daß Hitler im Zweiten Weltkrieg die Schweiz schnell »eingemeindet« hätte, wenn diese nicht verteidigungsbereit gewesen wäre.
Wenn H. v. Dithfurt die Frage stellt (»Spiegel« 23/1983):

»ob es rational ist zu erwarten, daß sich die Anlässe unserer Angst dadurch verringern ließen, daß wir die Angst der anderen Seite nach Kräften schüren. Genau das aber ist der Kern der ›Abschreckungs-Doktrin‹,«

dann möchte ich ihm mit der geschichtlichen Erfahrung widersprechen. Die Chancen des Friedens werden nicht dadurch verbessert, daß man Angriffe risikolos macht.
Für die sowjetischen Machthaber ist »Krieg oder Frieden?« ein rationales Kalkül – sie rechnen eiskalt aus, wann und wo sie ihre Macht gefahrlos vergrößern können. Ein trauriges Beispiel hierfür ist die sowjetische Aggression in Afghanistan – einem Land, das sich gegen den russischen Imperialismus nicht angemessen wehren kann.
Hier sei auch an einen Gedanken von Manès Sperber erinnert:

»Gleichviel, mit welchem Pseudonym sich ein totalitäres Regime bezeichnen mag, seine Machthaber herrschen immer in der Gewißheit, daß sie gefährdet sind ...«
(»Geistige Welt«, 21. 8. 1982)

Einen originellen – wenngleich problematischen – Vorschlag machte K. Haefner (in seinem Buche »Mensch und Computer im Jahre 2000«, Birkhäuser Verlag, Basel, Boston, Stuttgart 1984): Er möchte strategische Potentiale und taktische Möglichkeiten ständig in einem Computer simulieren, gewissermaßen einen »simulierten Krieg« führen und dessen Ergebnisse regelmäßig publizieren. Wenn der Computer den Verlauf und Ausgang möglicher Kriege anzeigt – so meint Haefner – dann würden Kriege gar nicht mehr geführt. Aber dieser Vorschlag scheitert schon an der Weigerung der UdSSR, ihr Waffenpotential bekanntzugeben.

Hier ist auch noch an eine andere Entwicklung zu erinnern, die meist unter ganz anderen Auspizien gesehen wird: Die technische Konkurrenz im Weltraum. Man könnte etwa so argumentieren: Wer seine Überlegenheit bei Weltraummissionen nachgewiesen hat – einschließlich Elektronik und Lasertechnik – der hat eine solche strategische Überlegenheit über seine Gegner, daß er überhaupt keinen Krieg mehr führen muß.

Ein wichtiger Beitrag der Wissenschaft zur Friedenserhaltung kann auch darin bestehen, daß Illusionen und Selbsttäuschungen aufgeklärt werden.

Typisch hierfür ist die Kritik von M. Hättich und F. J. Rinsche an Franz Alts Publikationen im Fernsehen und in seinem Büchlein »Frieden ist möglich« (Piper Verlag, München 1983). Aus M. Hättichs Buch »Weltfrieden durch Friedfertigkeit?« (Olzog Verlag, München 1983) seien einige kennzeichnenden Sätze zitiert:

»Alts Buch bringt keinen Zuwachs an Rationalität in die Diskussion ein ... Weder mit einem völlig unüberlegten, weitgehend emotional bestimmten Antikommunismus, noch mit dem ebenso unreflektierten lautstarken Austausch von Friedenssehnsucht helfen wir uns gegenseitig bei der Suche nach dem Frieden weiter ...

*Die Parole (›Frieden schaffen ohne Waffen‹) mag Herzen erwärmen, vor dem prüfenden Verstand erweist sie sich als ziemlich informationsarme Worthülse ... Aber die Akteure dieser Bewegung können sich darauf verlassen, daß es in unseren Massenmedien wenig Leute gibt, die genauer hinsehen und die Unterschiede, Gegensätzlichkeiten und Widersprüche ihren Medienkonsumenten transparent machen ... Resignativ kann die Beobachtung machen, daß politische Träumereien in unserer Gesellschaft publikumswirksamer sind als der unbequeme denkerische Umgang mit Realitäten.
... eine der großen Gefahren unserer Zeit (ist) die sich ausbreitende Denkmüdigkeit.
Unklar bleibt mir, ... wieso der Friede sicherer werden soll, wenn man versucht, durch Massenbewegungen gegen den Doppelbeschluß der NATO dem Gegner zu signalisieren, er brauche auf das in diesem Beschluß enthaltene Verhandlungsangebot gar nicht mit Erfolgsabsichten einzugehen, man werde selbst dafür sorgen, daß die amerikanischen Mittelstreckenraketen nicht aufgestellt werden ... Aber wenn wir gegen unsere Regierungen für den Frieden demonstrieren und so tun, als befänden wir Friedfertigen uns im Kampf gegen die Unfriedfertigen, dann lügen wir. Es gibt bei uns keinen Streit zwischen denen die Frieden, und solchen, die Krieg wollen.«*

Ähnlich scharf wie M. Hättich kritisierte auch F. J. Rinsche (in seinem Buche »Nur so ist Frieden möglich«, Seewald Verlag, Stuttgart 1984) Alts Publikationen:

»Die Tatsache, daß Alt insbesondere bei einem großen Teil der Jugend Beifall findet, dürfte nicht zuletzt darauf zurückzuführen sein, daß diese Jugend von vielen Medien und einem Teil der Lehrerschaft in ähnlichem Sinne beeinflußt worden ist. Der Mangel an fundierten Geschichtskenntnissen tut hier ein Übriges.

Mit dem vorliegenden Buch wird der Versuch unternommen, die teilweise konfusen und daher nicht ungefährlichen Ideen Alts rational zu untersuchen und zu durchleuchten. Die Thesen Alts ... können großenteils nur als abwegig bezeichnet werden, weil sie vielfach frei sind von Logik und geschichtlicher Wahrheit. Alts Buch ist gewissermaßen ein Konglomerat aus Wahrheiten, Halbwahrheiten, Unwahrheiten und Irrtümern sowie mehr falschen als richtigen Schlüssen. Einen realistischen Ausweg aus dem dargestellten Dilemma der atomaren Bedrohung vermag Alt nicht zu weisen. Sein Beitrag ist vielmehr eine Art Kapuzinerpredigt ..., die außer starken Worten wenig Hilfreiches bietet.«

Rinsche fragt auch:

»Macht sich Franz Alt die Gefahr klar, die darin besteht, daß die östliche Seite die westliche Verteidigungsbereitschaft falsch einschätzt?«

Die Asymmetrie und ihre leichtfertige Vergrößerung

Zwischen den beiden Supermächten – die letztlich über »Krieg oder Frieden« entscheiden – besteht eine gefährliche Asymmetrie, die vor allem an folgenden Tatsachen erkennbar ist:

- Auf der sowjetischen Seite herrscht eine anspruchsvolle Autokratie, die ihre Vorhaben auf Weltebene verwirklichen will, auf der westlichen Seite eine ängstliche Demokratie, die ihre Selbstaufgabe notfalls akzeptiert.
- Auf der sowjetischen Seite herrscht sichere Kontinuität, auf der westlichen Seite die Unsicherheit und Diskontinui-

tät, mit welchen Demokratien durch ihren ständigen Kampf um Mehrheiten verbunden sind.
- Auf der sowjetischen Seite dominiert eine stabile Verwaltung, auf der westlichen Seite eine verunsicherte Beamtenschaft. Beispielsweise leitet Gromyko seit 1957 die Außenpolitik seines Landes. So dürfte er seine westlichen Kollegen, die ihm nacheinander dutzendweise vorgesetzt wurden, für Lehrlinge halten.
- Auf der sowjetischen Seite wird die Politik der Regierung nicht durch öffentliche Auseinandersetzungen irritiert, sie hat eine totale Handlungsfreiheit gegenüber einer Bevölkerung, die in Unwissenheit und Gleichgültigkeit gehalten wird.
Im Westen dagegen haben wir die ständige und oft absurde Intervention oftmals inkompetenter Meinungen in die Staatsführung.
- Der Osten hat demnach die Möglichkeit der Initiative, welche militärische Überlegenheit begründet – der Westen dagegen eine defensive Koalition der freien Länder. Den ersten Schlag einzustecken, eventuell zurückzuschlagen, auf jeden Fall verhandeln, ist das Schicksal des Westens. Er hat weder die Initiative noch die Überraschung auf seiner Seite. Und diese Asymmetrie ist, besonders im Atomzeitalter, von fundamentaler Bedeutung.
- Schließlich verweigert die Sowjetunion klare Angaben über ihre Waffenpotentiale und deren Kontrolle – während der Westen – nicht zuletzt durch die inneren Auseinandersetzungen – ständig transparent ist.

Auf diese Asymmetrie weist auch Andrej Sacharow (in seinem offenen Brief an Dr. Sidney Drell über »Die Gefahr eines thermonuklearen Krieges«) hin:

»Die Menschen in meinem Lande besitzen nicht einmal einen kleinen Teil der Informationen über die Geschehnisse

in der Welt und im eigenen Lande, über die die Bürger des Westens verfügen. Die Möglichkeit, die Politik der Führung des eigenen Landes in den Fragen von Krieg und Frieden zu kritisieren, so wie Sie das frei tun können, fehlt in unserem Lande vollständig. Nicht nur kritische, sondern auch einfach nur informierende öffentliche Äußerungen, und das sogar zu wesentlich weniger brisanteren Fragen, ziehen oft Verhaftung und Verurteilung zu sehr langen Freiheitsstrafen oder sogar die Einlieferung in ein psychiatrisches Gefängnis nach sich.«

In diesem Zusammenhang müssen wir auch die Verantwortung des Wissenschaftlers für den Frieden sehen:
Zusätzlich zu den drei oben genannten Forderungen, nämlich
- Verträglichkeit mit historischen Erfahrungen,
- Richtigkeit logischen Denkens – und
- Anweisung für praktisches Handeln

möchte ich demnach als zusätzliche Forderung einbringen:

- Wissenschaftliche oder vermeintlich wissenschaftliche Aktivitäten zur Erhaltung des Friedens dürfen die bestehende Asymmetrie nicht weiter zuungunsten des Westens vergrößern.

Lassen Sie mich dies an einer konkreten Tatsache verdeutlichen: Ich habe bisher keine wissenschaftliche oder vermeintlich wissenschaftliche Empfehlung gefunden, welche vernünftiger wäre als der von dem ehemaligen Bundeskanzler Helmut Schmidt initiierte »NATO-Doppelbeschluß«. Ich halte es deshalb für verantwortungslos, mit der Autorität der Wissenschaft diesem »NATO-Doppelbeschluß« öffentlicht zu widersprechen.
Die Wissenschaft mag im esoterischen Kreis für oder gegen diesen »NATO-Doppelbeschluß« argumentieren – sie darf aber nicht öffentlich so tun, als ob sie Besseres hätte, während

sie tatsächlich nur eine vernünftige und kompetente Politik stört und die Chancen des Westens verschlechtert.
A. Sacharow schrieb (»Zeit« 24. 6. 1983), daß es darauf ankommt,

>»ein Gleichgewicht der konventionellen Bewaffnung herzustellen.«

Er fragt:

>»Werden die Politiker des Westens solchen Sinneswandel vollziehen können? Werden sie dabei von der Presse, der Öffentlichkeit und unseren Kollegen von der Wissenschaft unterstützt (und nicht, was bisher häufig der Fall war, gehindert)?«

M. E. wird das strategische Gleichgewicht vor allem dadurch wesentlich gestört, daß der Westen – im Gegensatz zum Osten – sich nicht mit seinen eigenen Interessen identifiziert und in vielfach abenteuerlichen ideologischen Verirrungen ein gutes Gewissen herstellt.
Die Erhaltung des Friedens braucht das militärische Gleichgewicht – und das militärische Gleichgewicht setzt das Gleichgewicht der Rationalität voraus – vor allem, daß jede Seite sich mit ihren eigenen Interessen identifiziert.
Eine ernstzunehmende »Wissenschaft für den Frieden« müßte auch den Kampf durch Desinformation und Indoktrination in Betracht ziehen. Hierzu sind zwei Bücher bemerkenswert:

– L. Gabriel, G. Radnitzky und E. Schopper (Hrsg.): Die I-Waffen, Herbig Verlag, München und Berlin 1982 – und
– Hans Graf Huyn, Sieg ohne Krieg, Universitas Verlag, München 1984

Graf Huyn zeigt, daß die Sowjetunion sich bemüht, mit Hilfe von Desinformation, Sabotage und durch militärpolitischen Druck krisenartige Situationen zu schaffen, so daß den prosowjetischen Elementen die Machtergreifung ermöglicht werden könnte.

Durch eine solche Strategie ist die Bundesrepublik Deutschland ganz besonders gefährdet.

Aber diese Gefahr scheint den Agitatoren der »Wissenschaft für den Frieden« bisher noch nicht bewußt geworden zu sein – und so verhalten sie sich ziemlich genauso, wie es in die sowjetische Desinformations-Strategie paßt.

Dieser Desinformations-Strategie kommen Leute, die zur Wehrkraftzersetzung aufrufen – wie G. Grass – sehr gelegen.

Für die Hoffnung, daß mit Hilfe der Wissenschaft die schrecklichste Gefahr unserer Zeit – ein großer Krieg mit ABC-Waffen – abgewandt werden könnte, ist bisher wenig getan worden.

Man hat hier m. E. zu wenig nüchtern nachgedacht und zu viel emotional agitiert.

Ich meine aber, man hat hier kein Recht zu resignieren.

Wir müssen hier weiter nachdenken – es geht hier um allzu viel, es geht hier um die Zukunft unserer Kinder und Enkel.

11. Heimat als informationelle Notwendigkeit

Einleitung
Heimat und Utopie
Die »Hinterfrager« und Hans Alberts »Münchhausen-Trilemma«
Die Identifikation mit der »Heimat«
Über unser Angewiesensein auf geschichtliche Erfahrung

Einleitung*

Das Thema »Heimat« scheint an einen Lebensnerv der gegenwärtigen Industriegesellschaft zu rühren. Hermann Lübbe führt (in seinem Buch »Zeitverhältnisse«, Styria Verlag, Graz, Wien, Köln 1983) das gegenwärtig auffallende Ausmaß kultureller Vergangenheits*zu*wendung (z.B. Musealisierung und Denkmalschutz) zurück auf die immer raschere Vergangenheits*ab*wendung durch den technischen Fortschritt und den »Zukunftsgewißheitsschwund«. In einer solch flüchtigen Situation sucht man bleibende Strukturen – vor allem die Heimat.

Die Formulierung »Heimat als informationelle Notwendigkeit« mag manchen befremden: Ist »Information« doch ein kalter wissenschaftlicher Begriff – wie sollte der zu einem so gefühlsbeladenen Begriff wie »Heimat« eine diskussionswürdige Beziehung haben?

Daß eine solche vielleicht doch besteht, läßt ein Spruch vermuten, der von Theodor Heuss stammen könnte:

»Dem sei Red hat koi Hoemet.«

Hier soll der Begriff »Heimat« nicht als eine geografische Tatsache verstanden werden, vielmehr als der kulturelle Mutterboden, der zweierlei leistet:

– Erstens Sprech- und Denkvermögen zu formen – und
– zweitens Objekt der Identifikation zu sein.

In meinen Überlegungen spielen quantitative Fakten eine Rolle. Daß dies begründet sein mag, zeigt schon die Tatsache,

---

* Überarbeitete Fassung eines Vortrags bei der Konrad-Adenauer-Stiftung am 26. 8. 1984

daß für jeden die Heimat etwas Begrenztes ist – eine grenzenlose Heimat ist nicht vorstellbar.

Es wurde schon gesagt, durch die modernen Massenmedien würde die ganze Erde zu einem »globalen Dorf«. Ich halte dies für abwegig: Das Dorf ist für das menschliche Bewußtsein übersehbar – das »globale Dorf« ist eine theoretische Fiktion ohne Übersehbarkeit.

Aus diesen Gründen möchte ich von der informationellen Unzulänglichkeit des Menschen ausgehen.

Als informationelle Unzulänglichkeit des Menschen sei die Tatsache bezeichnet, daß das Bewußtsein des Menschen der Komplexität seiner Welt nicht gewachsen ist (siehe Abschnitt 9). Wäre der Mensch unbegrenzt wahrnehmungsfähig, dann spielte die Heimat in unserem Bewußtsein nicht die einzigartige Rolle, die sie tatsächlich spielt.

Letztlich erscheint das Heimatgefühl als Folge einer psychischen Perspektive, in der das Ferne als klein – das Nahe als groß und wichtig erscheint.

Heimat und Utopie

Der Begriff »Heimat« wird besonders deutlich durch seine Gegensätzlichkeit zu dem Begriff »Utopie«:

- Die Heimat ist Realität – die Utopie ein Denkprodukt
- Die Heimat ist Teil der komplizierten Welt – die Utopie des unzulänglichen Bewußtseins
- Die Heimat erwartet Verantwortung – die Utopie kennt sie nicht
- Die Heimat verbindet mit der Vergangenheit – die Utopie verspricht die Zukunft.

Der »Mut zur Utopie« – der uns vor fünfzehn Jahren so dringend empfohlen wurde – hat uns kein Glück gebracht. Die Erinnerung an die Heimat ist für viele das Paradies, aus dem sie nicht vertrieben werden können.

Darf ich hierzu ein Beispiel aus meiner kleinen Stadt bringen: Da gab es seit langem bis vor etwa fünfzehn Jahren regelmäßig Fronleichnamsprozessionen. Häuser und Straßen wurden geschmückt, man empfand Freude und Gemeinsamkeit jenseits kurzlebiger Interessen.

Jetzt gibt es keine solche Prozession mehr. Weshalb, weiß ich nicht genau. Da wurde z.B. vorwurfsvoll gesagt: In Vietnam sterben Menschen und hier werden Prozessionen veranstaltet! Trotz Einstellung der Prozessionen änderte sich an den Händeln dieser Welt gar nichts. Aber in wenigen Jahren wird man nicht mehr wissen, wie schön Fronleichnamsprozessionen einst waren.

Die »Hinterfrager« und Hans Alberts »Münchhausen-Trilemma«

Ende der sechziger Jahre ging über unser Land eine Kulturrevolution hinweg, deren Nachwirkungen uns auch jetzt noch zu schaffen machen.

»Hinterfragen« war ein Schlüsselbegriff dieser Kulturrevolution. Man nahm Begriffe nicht mehr so hin, wie sie sich im Laufe der Geschichte entwickelt hatten, sondern »hinterfragte« sie – mit der häufig unverkennbaren Tendenz, sie für bestimmte Absichten verfügbar zu machen.

Das »Hinterfragen« stand in philosophischen Seminaren hoch

im Kurs – wer am penetrantesten »hinterfragte«, den hielt man für den besten Philosophen.
Dem Außenstehenden erschien dieses Treiben allerdings wenig fruchtbar zu sein – verhedderten sich die »Hinterfrager« doch regelmäßig in endlosen Diskussionen über die Semantik – ohne zu gestellten Fragen eine Antwort oder wenigstens einen Erkenntnisfortschritt zu bringen.
Dieses »Hinterfragen« ist zum Verständnis der einstigen Kulturrevolution und unserer gegenwärtigen geistigen Situation grundlegend: Durch dieses »Hinterfragen« wurde die Selbstsicherheit unserer Kultur vielfach zerbrochen und wurden unsere Mitbürger des Haltes beraubt, den sie in einer rasch veränderlichen Zeit brauchen.
Beim Katholikentag 1984 in München sagte Erzbischof Johannes Dyba (Fulda):

»Das ist ja wie ein saurer Regen, diese Theologen ohne Herz, diese Ideologen ohne Freude, diese Kritiker, die alles hinterfragen, nur nicht sich selbst.«

Es war Hans Albert in Mannheim, der die Fragwürdigkeit dieses »Hinterfragens« deutlich gemacht hat – und zwar mit einer Überlegung, die er als »Münchhausen-Trilemma« bezeichnete (Traktat über kritische Vernunft, Verlag J.C.B. Mohr, Tübingen 1969).
Er stellte fest, daß – wenn man alles »hinterfragt«, d. h., für alles eine Begründung verlangt – man in eine logisch unauflösbare Situation gerät, in das »Münchhausen-Trilemma«, bei der man nur die Wahl hat zwischen drei gleichermaßen unannehmbaren Möglichkeiten:

1. einem infiniten Regreß, bei dem man jeden verwendeten Begriff hinterfragt und damit auf eine Bahn ohne Ende gerät,

2. einen logischen Zirkel, bei dem man im Begründungsverfahren auf Aussagen zurückgreift, die vorher schon als begründungsbedürftig aufgetreten waren,
3. einen Abbruch des Verfahrens, der aber eine Aufgabe des Prinzips der zureichenden Begründung darstellt.

Keine dieser drei Möglichkeiten erscheint logisch annehmbar. Hans Albert bezeichnete diese unannehmbare Situation deshalb als »Münchhausen-Trilemma«, weil man sich hier gewissermaßen am eigenen Schopf aus dem Sumpf herausziehen muß.
Um meine Vorstellung hierzu deutlich zu machen, möchte ich nochmals auf eine informationstheoretische Tatsache zurückgreifen: Damit sprachliche Informationsübertragung überhaupt möglich wird, muß zwischen Sender und Empfänger eine Übereinkunft bestehen, welche Signale welche Bedeutung haben – also beispielsweise, welche Schriftzeichen oder welche Sprachlaute was bedeuten.
Diese notwendige Voraussetzung jeder sprachlichen Informationsübertragung wird besonders deutlich bei der Vorstellung, wir würden mit intelligenten Lebewesen von irgendwoher, beispielsweise aus dem Weltall, konfrontiert. Trotz aller vorausgesetzten Intelligenz könnten wir mit diesen Lebewesen nicht kommunizieren – uns fehlt die Übereinkunft darüber, welche Signale welche Bedeutung haben.
In der Informationstheorie wird über die Art dieser Übereinkunft nicht weiter nachgedacht – das ist etwa so, wie in der Politikwissenschaft mit dem »Gesellschaftsvertrag«, der ja auch nie bewußt abgeschlossen wurde – der vielmehr als gedankliche Abstraktion einen formlosen, langewährenden historischen Prozeß vertritt.
Ähnlich sollte man es sich auch vorstellen, wenn in der Informationstheorie von der »Übereinkunft« zwischen Sender und Empfänger gesprochen wird: Sie ist keine tatsächlich und

förmlich getroffene Übereinkunft, vielmehr eine gedankliche Abstraktion, die für einen formlosen, langewährenden historischen Prozeß steht.

Wie entsteht tatsächlich die »Übereinkunft« zwischen »Sender« und »Empfänger«, zwischen Sprechendem und Hörendem, welche die Möglichkeit sprachlicher Informationsübertragung ermöglicht?

Nun – einfach so, daß in einer Sprachgemeinschaft eine bestimmte Zuordnung von Signalen und Bedeutungen formlos in einem langewährenden, historischen Prozeß gewachsen ist und daß »Sender« und »Empfänger« diese Zuordnung beide übernommen haben und deshalb kommunizieren können.

Das Kind übernimmt die Sprech- und Denkformen des Erwachsenen durch einfache Nachahmung und hat damit den Vorteil, in dieser Sozietät sprechen zu können und verstanden zu werden.

Dies ist eine wesentliche Leistung der Heimat: Das Angebot einer Kommunikationsform, durch deren Akzeptanz der einzelne verständigungsfähig wird.

Diesen Vorteil bietet die Heimat nicht nur in sprachlicher Hinsicht – ähnlich ist es z. B. auch mit der räumlichen Orientierung: In der Heimat weiß man – auch ohne Landkarte –, wohin die Wege führen, in der Heimat ist alles selbstverständlich.

Hierbei sollte man nicht nur an eine Ansammlung von Einzeltatsachen denken – sondern auch an eine zusammengehörende und zusammenpassende Struktur, in welcher z. B. die Sprache zur Umwelt, das Verhalten zur Landschaft usw. paßt.

Damit soll der Begriff »Heimat« nicht nostalgisch verklärt werden – hier gibt es auch Konflikte und Kämpfe – aber auch diese erscheinen modellhaft für die geistige Entwicklung.

Dieser Aspekt der »Heimat« erscheint z. B. auch in Niklas Luhmanns Untersuchung »Vertrauen – ein Mechanismus der

Reduktion sozialer Komplexität« (F. Enke Verlag, Stuttgart 1973), wo er schreibt:

> *In vertrauten Welten dominiert die Vergangenheit über Gegenwart und Zukunft. In der Vergangenheit gibt es keine ›anderen Möglichkeiten‹ mehr, sie ist stets schon reduzierte Komplexität. Die Orientierung am Gewesenen kann daher die Welt vereinfachen und verharmlosen. Man unterstellt, daß das Vertraute bleiben, das Bewährte sich wiederholen, die bekannte Welt sich in die Zukunft hinein fortsetzen wird.«*

Die Identifikation mit der »Heimat«

Es ist eine banale Feststellung, daß jede biologische Art – um überleben zu können – ihr Verhalten so einrichten muß, daß die Species und ihre Artgenossen überleben, möglichst gut überleben. Typisch hierfür ist die Feststellung von »Tötungshemmungen«.
Daß biologische Arten überhaupt entstehen und sich erhalten können, ist ohne eine derartige biologische Programmierung undenkbar.
Auch eine kybernetische Modellierung des Verhaltens braucht derartig strukturierte Regelungen.
Es gibt keinen Grund dafür, daß die moderne Gesellschaft dieses Grundgesetz biologischer Existenz aufgeben könnte. Allerdings braucht eine Sozietät hohen Entwicklungsstandes nicht nur die Erhaltung der biologischen, sondern auch der kulturellen Substanz. In diese Richtung zielt eine These der UNESCO:
Jedes Volk hat das Recht und die Pflicht, sein kulturelles Erbe zu verteidigen und zu erhalten.

Angesichts der problematischen Geschichte unserer Nation ist dieses Motiv des Zusammenlebens bei uns umstritten. Die Verbrechen Hitlers führten viele Mitbürger zu einer Abkehr von ihrer nationalen Existenz und manche glauben gar, unsere Zukunft auf der schlichten Negation der übersteigerten nationalen Ambitionen Hitlers, auf einer gänzlichen Aufgabe unserer nationalen Interessen aufbauen zu können.
Ich halte diese Verteufelung nationalen Denkens für gefährlich und möchte dies begründen.
Hierzu sei von einer Unterscheidung ausgegangen, die sich bei K. Lorenz findet (Die Rückseite des Spiegels, Verlag R. Piper & Co., München und Zürich 1973). Er unterschied zwischen

- phylogenetisch entstandenen, also angeborenen Verhaltensmustern – und
- erlernten, tradierten Verhaltensmustern.

Diese Unterscheidung dürfte im hiesigen Zusammenhang nützlich sein: Die angeborenen Verhaltensmuster sind ohne Zerstörung nicht veränderbar, die erlernten, tradierten Verhaltensmuster sind z. T. veränderbar. Hierbei sollte man auch K. Lorenz' Feststellung beachten:

> » ... *daß in der emotionellen Sphäre, die eine so wesentliche Rolle bei der Motivation unseres sozialen Verhaltens spielt, besonders viele phylogenetisch fixierte, ererbte Elemente enthalten sind.*«

Wenn man von diesen zwei verschiedenen Entstehungsmechanismen für menschliches Verhalten ausgeht, dann muß man auch den Fall in Betracht ziehen, daß diese beiden zu widersprüchlichen Verhaltensimperativen führen.
Hierzu ein naheliegendes Beispiel:

- Zweifellos gehört zu den angeborenen Verhaltensmustern die Identifikation mit den eigenen Interessen – seien diese

nun individuell oder national verstanden –, ohne diese Identifikation löst sich jeder organische Verband auf.
– Aber die problematische Geschichte unseres Volkes hat zu der – vor allem die veröffentlichte Meinung beherrschenden – entgegengesetzten Haltung geführt, durch welche jede Identifikation mit unseren nationalen Interessen verteufelt wird.

Bei dieser Auseinandersetzung dürfte die angeborene Identifikation einen längeren Atem haben als die indoktrinierte Verteufelung. Deshalb ist früher oder später ein Ausbruch der jahrzehntelang verklemmten nationalen Gefühle zu befürchten. Wer einen solchen Ausbruch vermeiden möchte, der sollte die nationalen Gefühle nicht unterdrücken, sondern diese auf ein nüchternes Geleis bringen. Hierfür dürfte der Begriff »Heimat« einen wichtigen Ausgangspunkt darstellen. Der gegenwärtige Kampf gegen jedwede Form der Identifikation dürfte genau das Gegenteil des Beabsichtigten bewirken.

Über unser Angewiesensein auf geschichtliche Erfahrung

Die Überlegungen zur informationellen Unzulänglichkeit des Menschen haben uns zu der Einsicht geführt: Das menschliche Bewußtsein ist der Komplexität seiner Welt nicht gewachsen. Aber der Mensch *muß* ständig reagieren und sich verhalten – woher nimmt er die hierfür notwendigen Orientierungen?
Auf diese Frage gibt es nur eine einzige Antwort: Andere Menschen – teils früher lebende, teils gleichzeitig lebende – befanden sich schon in ähnlichen Situationen und waren

hierbei gezwungen, sich irgendwie zu verhalten. An ihnen und ihrem Schicksal ist erkennbar, welche Verhaltensformen zu »guten« und welche zu »schlechten« Folgen geführt haben. So kann das einzelne Individuum auch mit seinem unzureichenden Bewußtsein Verhaltensformen in dieser komplexen Welt finden, die »gut« sind.

Die informationelle Unzulänglichkeit des Menschen kann offensichtlich durch fremde Erfahrung überwunden oder gemildert werden. Hierbei ist vor allem auf die Überlieferung zu verweisen, die als Erfahrung mit sehr komplexen Systemen verstanden werden kann, als ein ungeheurer Erfahrungsschatz von menschlichem Verhalten und seinen Folgen. Die Überlieferung kann – mit A. Bergstraesser (Politik in Wissenschaft und Bildung, zweite Auflage, Freiburg im Breisgau 1966) – verstanden werden als alle jene Vorgänge

> »vermögen derer sich Orientierungs- und Verhaltensweisen sozialer Gruppen im Zeitverlauf des Nacheinander übertragen. Das gegenseitige Verhältnis dessen, der überträgt, zu dem, der aufnimmt oder sich auf Vergangenes rückbesinnt, ist das zentrale Problem der Kultur in der Folge der Zeit, also im Hinblick auf die Geschichtlichkeit.«

So gesehen erscheint die Überlieferung geradezu als ein Vorgang der Informationsübertragung.

Durch die gegenwärtige und voraussehbare Entwicklung der Informationstechnik wird unser Weltbild immer mehr ein Weltbild des momentan sich irgendwo Ereignenden – und immer weniger ein Weltbild, das Ursachen und Wirkungen, menschliches Verhalten und seine Folgen verständlich macht. Der Verlust der historischen Erfahrung schwächt die persönliche Eigenart. Eigenwillige Wege, Abweichungen von der gegenwärtigen Mode brauchen die historische Begründung. Die Kenntnis der momentanen Situation ermöglicht opportune Optimierung – nur die Erfahrung, wie all das wurde, schafft das Fundament der Verantwortung.

Doch kehren wir nochmals zur informationellen Unzulänglichkeit des Menschen zurück und zu der Tatsache, daß wir fremden Erfahrungen folgen müssen. Hierbei zeigt sich eine bemerkenswerte Tatsache:
Die Erkenntnisse naturwissenschaftlicher Verhaltensforscher und geisteswissenschaftlicher Antropologen nähern sich gegenwärtig in erstaunlichem Maße.
Der große Arnold Gehlen schlug die Brücke von den »physiologischen Tugenden« zu historisch gewachsenen Tugenden – und Konrad Lorenz sprach von der *»drohenden Auflösung unserer Societät durch Störungen der Überlieferung unentbehrlicher sozialer Verhaltensformen«* und davon, daß *»ein Abreißen der Tradition alle kulturelle Normen sozialen Verhaltens wie eine Kerzenflamme auslöschen kann«*.
Das Leben eines Menschen reicht einfach nicht aus, die notwendigen Tugenden selbst zu erfinden – hier muß jeder aus den Erfahrungen früherer Generationen lernen.
Wer ist schon imstande, komplexe Kulturformen theoretisch zu konstruieren? Beispielsweise die Achtung vor der Privatsphäre, Gemeinsinn, sexuelle Moral usw.?
Derartige Errungenschaften einer hohen Kultur werden zerfallen, wenn sie nicht mehr vertrauensvoll von Generation zu Generation weitergegeben werden können.
Die schwerste Erkenntnis unserer Zeit ist wohl, daß viele Erfahrungen ohne theoretische Begründung hingenommen werden müssen.

12. Über die Verantwortung für die Kriminalitätsopfer

Kriminalität erzeugt Unglück
Ordnung als Notwendigkeit
Zuwendung und Liebe
Die fehlende Identifikation
Konflikttheorie und Pessimismus
Verantwortung
Nobelpreis schützt nicht vor Torheit

Kriminalität erzeugt Unglück*

Der »Weiße Ring« hilft Menschen, die durch Straftaten geschädigt wurden.
Typisch und erschütternd zugleich ist das Schicksal des Mädchens Birgitta aus Berlin, das bei einem Überfall durch einen Stich in den Rücken für immer gelähmt wurde.
Der Verbrecher kann nach ein paar Jahren Gefängnis in ein normales Leben zurückkehren, Birgitta wird ihr Leben lang auf fremde Hilfe angewiesen sein – die Freuden des Lebens werden an ihr vorübergehen.
Aber dieses Beispiel – so erschütternd es auch ist – ist ja nur ein einziges unter vielen:

>*Die Zahl der in der Bundesrepublik Deutschland registrierten Straftaten hat sich in den letzten 15 Jahren mehr als verdoppelt: Von 1,8 Millionen Delikten (1965) auf 3,8 Millionen (1980) ...*
>*Auch die Zahl der sogenannten Gewaltdelikte (Tötungsverbrechen, Notzucht, Raub, schwere und gefährliche Körperverletzung) hat sich im gleichen Zeitraum etwa verdoppelt. Die Zahl der Raubtaten hat sich sogar verdreifacht, die Zahl der jugendlichen Raubtäter mehr als vervierfacht.«*
>(Professor Dr. H. D. Schwind beim »Weißen Ring« am 5. 10. 1981)

Jede einzelne dieser Millionen krimineller Taten erzeugt menschliches Unglück – erschütterndes menschliches Unglück. Der »Weiße Ring« hilft den Opfern. Es dürfte kaum jemand geben, der dieser Hilfe nicht Hochachtung und Sympathie entgegenbringt. Schon wesentlich geringer aber ist die Zahl derer, die ihn aktiv unterstützen.

* Überarbeitete Fassung eines Vortrages beim »Weißen Ring« am 17. 9. 1983 in Heidelberg

Wie groß – oder wie klein – ist die Zahl derer, die bereit sind, die Ursachen dieser explosiv zunehmenden (!) Straftaten ernsthaft zu diskutieren – auch gegen festgefügte Vorurteile des Zeitgeistes? Aber machen wir uns hierüber keine Illusionen: Die explosive Zunahme der Straftaten ist kein unerklärliches Faktum – sie beruht auf psychischen Fehlentwicklungen, vor allem Aufgabe moralischer Hemmungen und rechtlichen Denkens.

Ich glaube, es reicht nicht aus, wenn man nachträglich den Opfern hilft – wir müssen auch die Ursachen aufdecken und psychische Fehlentwicklungen abstellen.

Mir scheinen vor allem diese Ursachen bedenkenswert:
- Die Vernachlässigung der Kinder und heranwachsenden Jugend, teilweise schon in der Familie.
- Die Unverantwortlichkeit, mit der seit Ende der 60er Jahre eine »Emanzipation« propagiert wurde, die oftmals zum Ausstieg aus jeder moralischen Bindung wurde.
- Fehlentwicklungen des Medienbetriebs, in dem der Täter oftmals zum Star gemacht, das Opfer aber vergessen wird.
- Zeittypische ideologische Verirrungen – vor allem im Zusammenhang mit der neomarxistischen Konflikttheorie (»Macht kaputt, was euch kaputtmacht«).
- Die Gleichgültigkeit der »Fortschritts«-Ideologie gegenüber der Kriminalität – ihr erscheint »Recht und Ordnung« als lächerliches Motiv, während sie selbst angeblich viel »höhere« Ziele verfolgt.
- Die fehlende Identifikation mit unserem Gemeinwesen: Wie sollte einer die Normen einer Gemeinschaft achten, wenn er sich nicht mit dieser identifiziert?
- Schließlich die nicht erbrachte Bringschuld der Alten, notwendige Grundsätze sittlichen Verhaltens deutlich zu machen und die schändliche Feigheit derer, die sie verteidigen müßten.

Ordnung als Notwendigkeit

Im Namen einer leichtfertigen Permissivität versäumt man es, den Kindern einen zuverlässigen, geregelten Rahmen für ihr Leben zu schaffen.
Hierzu möchte ich den international hochangesehenen Psychologen Abraham H. Maslow zitieren:

»*Das Kind scheint nach einer voraussagbaren, geregelten, ordentlichen Welt zu verlagen.*
... Kinderpsychologen, Lehrer und Psychotherapeuten haben festgestellt, daß Kinder nicht eine uneingeschränkte Permissivität, sondern eine eingegrenzte vorziehen und auch brauchen ... daß das Kind eine organisierte und strukturierte Welt braucht, nicht das Gegenteil ...
Wir können diese und ähnliche Beobachtungen verallgemeinern und behaupten, daß das durchschnittliche Kind und – weniger offenkundig – auch der durchschnittliche Erwachsene ... eine sichere, ordentliche, voraussehbare, gesetzmäßige, organisierte Welt bevorzugen, auf die sie rechnen können. ...
Die friedvolle, glatt funktionierende, stabile, gute Gesellschaft läßt ihre Mitglieder gewöhnlich sich sicher genug fühlen vor ... kriminellen Attacken, Mord, Chaos, Tyrannei und dergleichen.«
(Maslow, Abraham H., Motivation und Persönlichkeit, Walter Verlag Olten und Freiburg im Breisgau 1977)

Lassen Sie mich dies – in Übereinstimmung mit Maslow – ganz deutlich sagen: Recht und Ordnung sind keine reaktionären Vorurteile, sondern notwendige Voraussetzungen jedes menschlichen Zusammenlebens.
In eine ähnliche Richtung zielen die Feststellungen von Bruno

Bettelheim – einem der bekanntesten Kinderpsychologen: Er betonte, daß der Kampf gegen die Schwierigkeiten des Lebens unvermeidlich ist und zur menschlichen Existenz gehört: Wenn man nicht davor zurückschreckt, überwindet man alle Hindernisse. (Bettelheim, B., Kinder brauchen Märchen, Deutsche Verlagsanstalt Stuttgart, 1977).
Welch grotesker Gegensatz besteht zwischen dieser kompetenten Einschätzung der kindlichen Psyche und den weltfremden Versuchen »antiautoritärer« Pädagogen, den Kindern die Illusion einer alles zulassenden Welt zu vermitteln!

Zuwendung und Liebe

Wenn das Sicherheitsbedürfnis befriedigt ist, dann erscheint als nächstes das Bedürfnis nach Zugehörigkeit und Liebe. Welche verheerende Wirkung hat hier z. B. die Absicht, die »Gleichberechtigung« der Frau in Politik und Wirtschaft herzustellen – und sie hierdurch ihren Kindern zu entziehen.
Dies haben vor allem der Biologe Professor B. Hassenstein, die Psychagogin Christa Mewes und der Arzt Professor Hans Schäfer gezeigt: Unsere Kinder leiden schwer unter dem Mangel an mütterlicher Liebe – die psychischen und sozialpsychologischen Schäden durch Vernachlässigung und Liebesentzug sind ursächlich für viele Sozialschäden – bis hin zur Kriminalität.
Der Psychotherapeut Dr. Dr. Rudolf Affemann hat in seinem Buche »Krank an der Gesellschaft« (Deutsche Verlagsanstalt Stuttgart, 1977) die Folgen und Ursachen der Fehlentwicklung der Familie ausführlich dargestellt.
Hierbei geht er aus von Symptomen: Jugendkriminalität,

Drogenwelle, Ideologieanfälligkeit und Neurotisierung der Jugend. Als Ursachen diagnostiziert er vor allem die Auflösung fester Normen, die Illusion der Freiheit, Lustgewinn als Lebenssinn, den neuen Individualismus und den Glauben an die Gleichheit.

Ein wichtiges Kapitel seiner Diagnose ist »Der Zerfall der Familie«. Hier schreibt er u. a.:

»Da eine große Zahl von Frauen den Beruf als wichtigste Lebensmöglichkeit wahrnahmen, standen viele von ihnen ihren Säuglingen und Kleinkindern nur unzureichend zur Verfügung. Häufig waren sie voll berufstätig. Damit fehlte die das Kleinkind Tag und Nacht umfangende und begleitende Beziehung zur Mutter.

Weil Säuglinge und Kleinkinder ganz und gar auf die Zuwendung, die Beachtung, die Nähe der Mutter angewiesen sind, wurde in der Regel die Entwicklung der Kinder dieser Mütter erheblich gestört.«

Die fehlende Identifikation

Im Namen angeblich humanitärer Ideologien wurde nicht nur die Familie schwer beschädigt, sondern auch viele andere soziale Gruppierungen, die einst lebenslang Identifikation und Lebenshilfe gebracht haben.

Mit der Entstehung gigantischer Schulen und anonymer »Leistungsgruppen« verschwand die Bindung an Klassenkameraden und akademische Verbindungen.

Die angeblich »progressive« Ideologie zerstört auch die Identifikation mit unserem Volke unter dem Vorwand, »nationalistischen« Tendenzen entgegentreten zu müssen.

Aber auch heute noch gilt, was Friedrich Schiller vor zweihundert Jahren schrieb:

»*An's Vaterland, an's teure
schließ dich an.
Das halte fest mit deinem ganzen Herzen!
Hier sind die starken Wurzeln deiner Kraft.*«

In den letzten Jahren war aber unsere Öffentlichkeit bestimmt durch Diffamierung jeglicher Identifikation mit dem »Vaterland, dem teuren«. Viele junge Mitbürger identifizieren sich nicht mehr mit unserem Volk – sie glauben den Demagogen und ihren Behauptungen, unsere nationale Identität sei hassenswert.

Aber man kann die deutsche Geschichte nicht auf Hitlers Schandtaten reduzieren – Hitler stand nicht in der Kontinuität der deutschen Geschichte, und er hätte seine Barbarei nicht beginnen können, wenn unser Volk zu Ende des Ersten Weltkrieges von den Siegermächten nicht so barbarisch behandelt worden wäre. Ohne die Barbarei des Versailler Vertrages hätte es Hitlers Barbarei wohl nicht gegeben.

So simpel, wie diese Probleme gegenwärtig oftmals dargestellt werden, war die Geschichte nicht – und die historische Schuld liegt nicht nur auf unserer Seite.

Doch was hat all dies mit unserem Thema »Verantwortung für die Kriminalitätsopfer« zu tun? Ich meine: Ein Volk, das sich nicht mit seiner Geschichte identifiziert, wird sich auch nicht mit seinen Normen identifizieren.

Steckt hinter der explosiv zunehmenden Kriminalität nicht der Protest gegen eine Geschichte, die einem als verbrecherisch dargestellt wird?

Konflikttheorie und Pessimismus

Grotesk ist, was sich in unserem Lande im Zusammenhang mit der neomarxistischen Konflikttheorie und deren Einbau in die praktische Pädagogik, z. B. in Form der »Hessischen Rahmenrichtlinien« ereignete. Hierüber schrieb Th. Nipperdey:

> *»Daß es neben der Wirklichkeit der Konflikte breite Zonen der Gesellschaft gibt, die von Konsensus oder Selbstverständlichem wie der Geltung der innerstaatlichen Rechts- und Friedensordnung oder der Kooperation bestimmt sind, das wird verschwiegen.«*

Ferner

> *» ... daß Erziehung zur Toleranz nicht zu den Erziehungszielen der Rahmenrichtlinien gehört. ... daß es eine Herrschaft des Rechtes gibt, das kommt bei solcher Betrachtungsweise nicht in den Blick. ... Damit werden Selbstverständlichkeiten und Identifikationsmöglichkeiten des Jugendlichen zerstört.«*

(Nipperdey, Th., »Konflikt – einzige Wahrheit der Gesellschaft?«, Verlag A. Fromm, Osnabrück 1974)

Zwischenzeitlich ist man zwar von manchen der extremen Verrücktheiten abgerückt – aber die destruktiven Folgen in den Köpfen vieler Mitbürger wirken weiter.
Der Abbau des Rechtsempfindens wird m. E. auch wesentlich durch den hysterischen Zukunftspessimismus gefördert: Wie sollte einer unsere Normen anerkennen, wenn diese angeblich in den sicheren Tod führen? Typisch hierfür ist H. E. Richters Buch »Alle redeten vom Frieden« (bzw. »Geplantes Inferno«), das uns einreden will, demnächst würde unsere Erde durch eine Verschwörung von Geheimdienstfunktionären (»Hermes«) mit Atomwaffen total zerstört.

Nachdem der »Spiegel« diesen Unsinn teilweise vorabgedruckt hatte, wurden an die Wände unserer kleinen Stadt »Hermes«-Parolen gesprayt, darunter

»Wir sind schon so gut wie tot!«

Wie sollte eine Jugend, die in einen solchen Zukunftspessimismus hineinmanipuliert wurde, sich noch an rechtsstaatliche Normen halten?

Verantwortung

Doch betrachten wir die Verantwortung etwas genauer: »Verantwortung« verweist auf eine Art Gerichtsverhandlung, bei der man sein Verhalten gegen eine Anklage rechtfertigen muß.
Diese Gerichtsverhandlung kann fiktiv sein und darin bestehen, daß man sein Verhalten vor seinem eigenen Gewissen gegen Zweifel rechtfertigen muß – sei es im voraus, sei es nachträglich. Diese Vorstellung verweist auch darauf, daß Verantwortung die Freiheit voraussetzt, sich so oder auch anders zu verhalten: Wo keine Freiheit ist, ist auch keine Verantwortung.
Umgekehrt: Die große Freiheit, die unser Grundgesetz gewährt, legt uns ein besonders großes Maß an Verantwortung auf. Das Zusammenleben in einem freiheitlichen politischen System ist nur möglich, wenn die Bürger sich verantwortungsbewußt verhalten.
Das Problem der Verantwortung sei durch einen einfachen Vorgang illustriert: Angenommen, ein junger Mensch frage einen Alten um Rat, wie er sich in einer für ihn unbekannten Situation verhalten soll.

Der Rat des Alten kann richtig sein, dem Jungen also ein Verhalten empfehlen, dessen Folgen für ihn und die Sozietät annehmbar sind – er kann aber auch falsch sein, weil sich aus ihm unerträgliche Folgen, beispielsweise Kriminalität, ergeben.
Als verantwortlich verstehen wir es, wenn der Alte dem Jungen eine sozial annehmbare Verhaltensweise empfiehlt, als unverantwortlich, wenn er ihm eine sozial unannehmbare Verhaltensweise empfiehlt. Ob »unverantwortlich« oder »verantwortlich« hängt also offensichtlich von zwei Tatsachen ab:

1. Der Alte muß die Folgen seines Rats beurteilen können, also die notwendige Sachkenntnis haben – und
2. er muß dem Jungen helfen und nicht schaden wollen.

Die Motivation kann gemessen werden an der Forderung des Sittengesetzes, Kants »kategorischem Imperativ«:

>*»Handle so, daß die Maxime deines Willens jederzeit zugleich als Prinzip einer allgemeinen Gesetzgebung gelten könne.«*

Über das Sittengesetz wurde einst in Deutschland gründlich nachgedacht – und niemand hätte gewagt, ihm grundsätzlich zu widersprechen. Aber dieses hohe sittliche Niveau haben wir längst aufgegeben.
Darf ich aus vielen möglichen Beispielen des Niedergangs eines herausgreifen, das mich seinerzeit heftig erregt hat: Gräfin Dönhoff schrieb in einem Leitartikel mit der Überschrift »Mitten in der Revolution« in der »Zeit« vom 6. 7. 1971:

>*»Vom Standpunkt einer bürgerlichen Norm, wie sie lange Zeit galt, gibt das, was heute geschieht, zu außerordentlicher Besorgnis Anlaß. Aber ist die vergangene Ordnung wirklich*

das adäquate Bezugssystem, an dem das Heute gemessen werden sollte und zu dem es unter allen Umständen zurückzukehren gilt? ...
Beurteilt man das Geschehen ... nicht aus der Sicht der überkommenen Norm, sondern im Vergleich zu anderen Revolutionen – dann kann man sehr zufrieden sein, daß nicht mehr Gewalt geschieht ...«

Wer unseren Staat und seine moralische Ordnung innerlich bejaht, sollte so etwas nicht schreiben. Gräfin Dönhoffs Nachfolger Theo Sommer schrieb sehr richtig das Gegenteil:

»Demokraten müssen eine bestimmte Vorstellung dessen bewahren, was Zivilisation, was Zivilisiertheit bedeutet.«
(»Zeit« vom 1. 3. 1974)

Aber dieses Verantwortungsbewußtsein fehlt in unserem Medienbetrieb sehr oft. Typisch hierfür ist, was H. J. Schneider in seinem Buche »Das Geschäft mit dem Verbrechen« schrieb:

»Das Fernsehen macht nicht nur den einzelnen gewaltsamer, sondern die gesamte Gesellschaft. Es wirkt auf Verhalten, auf Einstellungen, auf Persönlichkeiten.
Die Darstellung der Gewalt in den Massenmedien unterstützt eine Ideologie, die die Durchsetzung egoistischer und egozentrischer Bedürfnisse mit Gewalt zum wesentlichen Inhalt menschlicher Beziehungen erklärt.«
(Schneider, H. J., »Das Geschäft mit dem Verbrechen«, Kindler-Verlag, München, 1980)

Die Verantwortung für die Kriminalitätsopfer liegt großenteils bei einer Publizistik, die nicht über ihre Verantwortung nachdenkt. Ein großer Teil unserer Publizistik verkommt im Zynismus – jenem »aufgeklärten, falschen Bewußtsein« (P. Sloterdijk), in dem das Verantwortungsbewußtsein abstirbt.

Der Psychologie-Professor O. W. Haseloff hat den »Stern« eingehend analysiert. (»Stern«, Strategie und Krise einer Publikumszeitschrift, Verlag von Hase und Koehler, Mainz, 1977).
Kernpunkt seiner Kritik ist der Vorwurf, daß sich die »Stern«-Redaktionen nicht ausreichend bewußt sind, daß sie selbst Herrschaft ausüben – und daß Herrschaft stets mit Verantwortung verbunden ist. Den Journalisten und Redakteuren des »Stern« scheint das Engagement weit wichtiger zu sein als die Folgen, die aus diesem Engagement möglicherweise herauswachsen.

Haseloff stellt fest,

> *» ... daß genau zwei Drittel der gesamten weltpolitischen Berichterstattung des »Stern« geeignet sind, Anhänger westlich-demokratischer Lebensform zu ›verunsichern‹ und das Vertrauen in die Zukunft dieser politischen Lebensform zu schwächen.«*

Demgegenüber sei ganz deutlich gesagt: Jede Nation, die den Terrorismus wirksam bekämpfen will, muß scheitern, wenn sie nicht von der Richtigkeit ihres Tuns überzeugt ist.
Über den »Spiegel« hat schon im Jahre 1963 F. Luchsinger geschrieben:

> *»Mit so blasierter Überheblichkeit, so angeekelt von einer Welt, wo außer dem »Spiegel« selber nur Dilettanten und Korrumpierte am Werk sind, so leichtfüßig nach links, rechts, oben, unten kickend, so »wertfrei« kann nur schreiben, wer sich am blanken Nichts orientiert oder nichts weiter als Abbruch im Sinne hat ... Deutschlands Nachbarn und Partner können sich auf einiges gefaßt machen, wenn die Geisteshaltung des »Spiegel« zur Geisteshaltung einer deutschen Generation werden sollte!«*

(»Neue Züricher Zeitung« vom 5. 1. 1963)

Profitierte der »Spiegel« nicht von Anfang an von der Zerstörung des Vertrauens und der Verantwortung? Erkennen seine Macher denn nicht, welche Sozialschäden sie anrichten – oder geht ihnen der eigene Profit über alle Sozialschäden?
In der »Zeit« erschien 1981 ein bemerkenswerter Beitrag ihres Verlegers »Die Alten und die Jungen«: Ein veritabler Rundumschlag gegen die modernistische Publizistik und die leichtfertigen Anstifter zur Gewalt, der so endet:

> *»Wir jedenfalls verachten die Jungen nicht. Sie tun uns ein wenig leid – es ist so schwer, sich lebenslang in ein selbsterdachtes, von falschen Lehrern aufgeschwatztes Leid zu hüllen.«*

Soll man sich nun freuen, daß der Verleger der »Zeit« eine späte Reue empfindet – oder soll man zornig darüber sein, daß er offensichtlich bisher überhaupt nicht gemerkt hat, welch führende Rolle sein Blatt bei der Verbreitung von Verantwortungslosigkeit und falschen Lehren gespielt hat?
Auf jeden Fall: Jetzt hat er recht – aber er sollte nicht nur die späten Symptome kritisieren, sondern auch darüber nachdenken, wie es zu dieser Fehlentwicklung gekommen ist und wer ihr ein gutes Gewissen verschafft hat.
Er möge z. B. nachlesen, was ich schon 1971 (in dem Buch »Kurskorrektur«) der Herausgeberin der »Zeit« vorgeworfen habe: Publizistik ist mehr als die grammatisch richtige Aneinanderreihung von Wörtern, man muß auch über den Sinn des Publizierten und seine Folgen nachdenken, schließlich sogar bereit sein, später Verantwortung dafür zu tragen.

Nobelpreis schützt nicht vor Torheit

Nach den Erfahrungen unserer Zeit möchte ich die Frage stellen: Wieviel Verantwortung für kriminelle Umtriebe trägt beispielsweise Heinrich Böll (und seine vielen Glaubensgenossen), der – vor allem mit dem Buche »Die verlorene Ehre der Katharina Blum« – Vertreter des Rechtsstaates als stupide Trottel und Terroristen als reine Idealisten dargestellt hat?
Ich möchte die Antwort wagen: Die Erhaltung der Rechtsstaatlichkeit – eine der wertvollsten Errungenschaften einer langen kulturellen Entwicklung – wurde in unserer Zeit überrundet von anderen politischen Absichten, und wir – die Bürger unseres Landes, vor allem seine Meinungsmacher – haben uns gar nicht oder nur sehr schwach gegen diese Umwertung gewehrt.
Hierbei haben wir eine historische Erfahrung aufgegeben, die am deutlichsten wird anhand zweier Gedichte von Friedrich Schiller: In den »Worten des Glaubens« schrieb er:

»Der Mensch ist frei geschaffen, ist frei,
Und würd' er in Ketten geboren,
Laßt euch nicht irren des Pöbels Geschrei,
Nicht den Mißbrauch rasender Thoren!«

Aber später – es war wohl unter dem Eindruck der barbarischen Ereignisse der Französischen Revolution – schrieb er in den »Worten des Wahns«:

»Verscherzt ist dem Menschen des Lebens Frucht,
So lang er die Schatten zu haschen sucht.
So lang er glaubt an die goldene Zeit,
Wo das Rechte, das Gute wird siegen –

*Das Rechte, das Gute führt ewig Streit,
Nie wird der Feind ihm erliegen.«*

Mit anderen Worten: Das Rechte, das Gute braucht rechtsstaatliche Normen und notfalls auch rechtsstaatlichen Zwang.

Unser Staat wird aber sehr widersprüchlich beurteilt:

– Wer dieses politische System mit anderen realisierten Systemen (sei es nun in Ost und West oder zu früheren Zeiten) vergleicht, der erkennt seine Vorzüglichkeit – es hat uns einen hohen Wohlstand und viel Freiheit gebracht.
– Aber seine interne Beurteilung – vor allem durch die zynische Publizistik – ist extrem schlecht. Folgt man ihr, dann leben wir in einem abscheulichen und ungerechten System, dessen Überwindung unsere wichtigste Aufgabe ist.

Diese negative Einstellung wird nur von einer winzigen Minderheit unseres Volkes getragen, während die große Mehrheit positiv zu unserem Staate steht. Dies zeigen eindeutig freie und geheime Wahlen, bei denen diejenigen Parteien große Mehrheiten finden, die auf dem Boden unseres Grundgesetzes stehen.
Aber die winzige, unser gutes politisches System bekämpfende Minderheit bestimmt große Teile der veröffentlichten Meinung in unserem Lande. Grotesk ist dabei ihr häufig vorgebrachter Anspruch, im Namen der Demokratie gegen unseren Staat zu kämpfen.
Über diese pseudodemokratische Intellektuellen-Ideologie gibt es keine Erhebungen – man kann sie nur an konkreten Beispielen zeigen.
Extremes Beispiel der meinungsmachenden Feindschaft gegen unseren Staat ist der Staatspoet Heinrich Böll, dem schon vorgeworfen wurde – wie ich meine, mit guten Gründen –, er

habe den Boden der Gewalt durch den »Ungeist der Sympathie mit den Tätern gedüngt«. Der uns vor den Morden an Ponto, Buback, Schleyer und Karry einreden wollte, der Terroristen Theorien klängen »weitaus gewalttätiger, als ihre Praxis ist«.

Dies halte ich für feststehend: Ohne Böll und seine ideologischen Mitläufer hätten Terrorismus und Gewalt in unserem Lande kein so gutes Gewissen, ohne ihn wären nicht so viele junge Menschen diesem Irrsinn verfallen.

Jede annehmbare Moral muß Verantwortung für ihre Folgen übernehmen. Aber mit Bölls Moral kann man nur Gazetten füllen, nicht jedoch in rechtsstaatlich geordneter Form zusammenleben und auch nicht die Probleme unserer riskanten Zukunft lösen.

In dieser realitätsfernen Ideologie spielt der schwere Kampf um unsere zukünftige Existenz so wenig eine Rolle wie die weltpolitische Auseinandersetzung, die Gefahren zunehmender Bürokratisierung so wenig wie die Meinungsmanipulation in unseren Massenmedien.

Wenn sich diese Böllsche Privatmoral in unserem Lande noch weiter ausbreitet – was angesichts seiner vielen publizistischen Mitläufer zu befürchten ist

– dann lösen sich die Normen der Rechtsstaatlichkeit immer weiter auf,
– dann werden wir immer unfähiger, unsere schweren Zukunftsprobleme zu lösen,
– dann spaltet sich unsere Sozietät immer weiter in zwei Klassen auf, deren eine arbeitet und Verantwortung trägt, deren andere kritisiert und keine Verantwortung trägt.

Aber Böll ist ja nur die Spitze dieses Eisbergs. Unzählige eifern ihm nach. Bölls besondere Gefährlichkeit liegt in seinem exzellenten Umgang mit der Sprache: Hieraus schließen viele auf einen exzellenten Umgang mit der Vernunft. Aber dieser Schluß ist falsch: Man kann in bester sprachlicher Form jeden Unsinn, jede Unvernunft und übelste Demagogie verbreiten – und manche tun dies ja auch.

Zur Kunst des Vertrauens – die im Zeitalter der Massenmedien und der Informationsgesellschaft so wichtig ist – gehört vor allem, auch attraktiv verpackte Unvernunft als Unvernunft zu erkennen.

Man sollte sich auch durch Sprachvirtuosität nicht manipulieren lassen.

Im letzten Jahrzehnt ist die Saat der Gewalt voll aufgegangen. Nun wird in naivem Erstaunen nach der Ursache für diesen Ausbruch der Gewalt gesucht: Der »Spiegel« verglich ihn mit Hitlers Angriffskriegen – und hat damit gar nicht so unrecht: Weder Hitlers Angriffskriege noch der gegenwärtige Terrorismus kamen zufällig, beide wurden ideologisch programmiert. Eine Jugend, die im Geiste Hitlers erzogen wird, schlägt eben alles in Scherben – und eine Jugend, die im Geiste verantwortungsloser Intellektueller erzogen wird, schlägt eben die »verfaulenden Reste von Macht« zusammen.

13. Die mißbrauchte Freiheit

Hoffnung und Mißbrauch
Manipulation einst und jetzt
Was Insider sagen
»Ausgewogenheit«
»Herrschaftsfreie Kommunikation«
Gedankenverbrecher
Macht ohne Geist

Hoffnung und Mißbrauch*

»Freiheit« ist im Berlin des Jahres 1984 kein abstrakter Begriff: Nah genug ist hier die Unfreiheit, die den hohen Wert der Freiheit deutlich macht.
Wir denken an die Flüchtlinge, die unter Lebensgefahr die Mauer überwanden und an die Toten, die an ihr verbluteten. Wir denken aber auch an die Menschen, die am 20.07.1944 ihr Leben für die Freiheit opferten.
Wie kostbar ist die Freiheit, um deretwillen all dies geschieht – aber wie leichtfertig gehen viele im Westen mit ihr um!
Hierüber wundern sich Flüchtlinge von »drüben« immer wieder: Wie gleichgültig vielen Bürgern der Bundesrepublik ihre Freiheit ist!
Stefan Heym stellte – im Hinblick auf die DDR – die Frage, warum

> *»in einem Land, das sich als sozialistisch bezeichne, die Leute nicht dableiben möchten«.*

Ich stelle – im Hinblick auf die Bundesrepublik – die entgegengesetzte Frage: Warum rufen in einem freien Land Meinungsmacher zur Zersetzung auf?
Ich widerspreche diesem verantwortungslosen Treiben und rufe auf zur kämpferischen Verteidigung unserer freiheitlichen Demokratie. Mein Respekt gilt Hubertus Prinz zu Löwenstein, der schon vor fünfzig Jahren für eine mutige Verteidigung der Freiheit eingetreten ist und in unserer Zeit erneut eintritt.

---

* Nach einem Vortrag beim »Freien Deutschen Autorenverband« am 21. 7. 1984 in Berlin.

Manipulation einst und jetzt

Als im Jahre 1945 die Diktatur zu Ende ging, waren wir nicht nur verzweifelt über die materielle Zerstörung unseres Landes, sondern auch über die Dummheit, mit der wir lange Zeit Unglaubwürdiges geglaubt oder unwidersprochen ertragen hatten. Kommen uns jetzt Zeitungen oder Filme von damals unter die Augen, dann fällt uns schwer zu glauben, daß Millionen angeblich aufgeklärter Mitbürger – auch Publizisten, Professoren und Nobelpreisträger – diesen Unsinn einst geglaubt oder unwidersprochen ertragen hatten.
Aber, so frage ich, ist nicht auch unsere gegenwärtige Öffentlichkeit vielfach bestimmt durch Meinungen, von denen man dereinst auch fragen wird: Wie konnten Millionen angeblich aufgeklärter Mitbürger – auch Publizisten, Professoren und Nobelpreisträger – diesen Unsinn glauben oder unwidersprochen ertragen?
Auch wenn die Manipulationen einst und jetzt verschiedene Wege gingen und gehen, haben sie doch wesentliche Gemeinsamkeiten – so vor allem:

– sie führen zu falschem politischem Verhalten – und
– es braucht Mut, ihnen zu widerstehen.

In Orwells utopischem Roman »1984« wird eine einheitliche öffentliche Meinung erzwungen: Durch den »Großen Bruder«, das »Wahrheitsministerium« und die »Gedankenpolizei«.
In der Bundesrepublik Deutschland gibt es keinen »Großen Bruder«, kein »Wahrheitsministerium« und keine »Gedankenpolizei« – und das Grundgesetz garantiert die Meinungsfreiheit ausdrücklich. Aber trotzdem werden Meinungen vielfach unterdrückt oder manipuliert – wofür ich viele Beispiele bringen könnte – und einige bringen werde.

Hierbei erscheinen die ideologischen Standorte der Manipulateure keinesfalls diffus und zufällig, wie es bei unabhängigen Ursachen zu erwarten wäre, sondern ziemlich homogen und einheitlich, wie durch eine einheitliche Ideologie bestimmt. Hierüber gibt es kaum empirische Erhebungen, aber es gibt eine Vielzahl praktischer Erfahrungen: Von der Tendenz, Meinungsmacher in einer Gewerkschaft zusammenzufassen, bis zu E. Noelle-Neumanns Vermutung, die Bundestagswahl 1976 sei letztlich durch das Fernsehen entschieden worden.

Was Insider sagen

Die Methoden, mit denen in unserem Lande Meinungen gemacht werden, sind kein Geheimnis mehr, da plauderten Insider allzu deutlich, und es ist nützlich, dies festzustellen. So las man im »Spiegel« (44/78) über Hackethal:

>»Keinem anderen Psychopathen wurden in den letzten Jahren die Studioräume und Redaktionszimmer so bereitwillig geöffnet, um die Bevölkerung zu verunsichern und zu verdummen.«

Über Grass schrieb der »Spiegel« (20/84):

>»Querkopf e.V., mit anarchischer Grundströmung, zwischen allen Stühlen, du lieber Gott, das will erarbeitet sein. Und so hat Grass auch in jüngster Zeit keine Gelegenheit versäumt, sich in alles und jedes einzumengen, indem er gravitätisch Selbstgedrehtes von sich gab... Ob der Wald, der Weltfrieden, die Bundeswehr, das deutsch-deutsche Verhältnis, Nicaragua, der Weltuntergang – kein Thema darf hoffen, von Grass unbehelligt die Öffentlichkeit erreichen zu können.«

Die klärende Offenbarung brachte schließlich ein Leserbrief des Heinrich Böll, sich über die Kritik des »Spiegel« an seinem Kompagnon Grass empörend:

»Erst helft Ihr mit, daß die Leute berühmt und berüchtigt werden, dann schießt Ihr sie ab, weil sie es sind, versucht Euch an Volltreffern, wenn sie den einzig wahren Gebrauch von Ruhm und Ruch machen: mit ihrem, von Euch mitgemachten »Namen« für oder gegen etwas einzutreten, notwendigerweise öffentlich ...«
(»Spiegel« 22/84)

Genau so und nicht anders haben wir, vom linken Meinungskartell nicht Protegierten, uns das Spiel um Meinungsmache und Meinungsmacht schon immer vorgestellt; Böll sei Dank, nun haben wir es endlich von Insidern bestätigt.

Eine Tatsache, die schlecht zur behaupteten Selbständigkeit paßt, ist der Gleichschritt vieler publizistischer Aktivitäten: Bestimmte Thesen werden gleichzeitig in vielen, angeblich unabhängigen Medien aufgebracht. Typisch hierfür waren vor allem Volkszählung 1983 und Nachrüstung.

Erstaunlich ist, wie diese Themen etwa gleichzeitig (als ob ein Startschuß gefallen wäre) im »Spiegel«, »Stern« und »Zeit« zum Anliegen einer pseudoreligiösen Massenbewegung gemacht wurden, welche die Grenzen rechtsstaatlicher Ordnung sprengen und sogar »Widerstand« gegen unsere Demokratie rechtfertigen.

Bedenklich ist vor allem die Verantwortungslosigkeit, mit der hemmungslos Meinungen verbreitet werden – Meinungen, die oftmals von wenig Sachverstand, aber viel Gleichgültigkeit gegenüber den Folgen der Meinungsmache bestimmt sind.

Der Skandal mit den »Hitler«-Tagebüchern des »Stern« ist ein Einzelfall nur insofern, als hier die Öffentlichkeit die Verantwortungslosigkeit der Meinungsmache deutlich wahrnehmen konnte, während sie in vielen anderen Fällen überhaupt nicht merkte, wie sie manipuliert wurde.

Es geht hier um die Frage: Welche Verantwortung tragen die Medien für die Folgen ihres Tuns?

Verantwortungslosigkeit, auch in den Medien, zerstört die Freiheit; ein liberaler Staat kann nur mit dem Verantwortungsbewußtsein seiner Bürger erhalten werden.

Da sagte W. Jens 1977 nach dem Mord an Hanns Martin Schleyer im ZDF:

> »*Kein Satz, der gesprochen wird, ist vor Mißdeutung gefeit ... Rousseau ist nicht schuld an Robespierre. D. h. ein unmittelbares Ursache-Wirkungsverhältnis herzustellen, ist zumindest außerordentlich problematisch ...*«

Genau entgegengesetzt sagte Heinrich Heine:

> »*Dieses merkt euch, ihr stolzen Männer der Tat, ihr seid nichts als unbewußte Handlanger der Gedankenmänner, die ... euch all euer Tun aufs bestimmteste vorgezeichnet haben, Maximilian Robespierre war nichts als die Hand von Jean-Jacques Rousseau.*«

Aber wieviel Verantwortungslosigkeit bestimmt z. B. unsere »Zeit«-genössische Öffentlichkeit: Von R. W. Leonhardts Verharmlosung des Haschisch-Konsums bis hin zu Gräfin Dönhoffs Meinung, »mitten in der Revolution« könnten wir doch zufrieden sein, daß nicht noch mehr Gewalt geschieht. Heinrich Böll verkündete »Das Ende der Bescheidenheit« zu einem Zeitpunkt, als unsere Staatsschulden geradezu explodierten und jeder Verantwortungsbewußte zu mehr Bescheidenheit hätte mahnen müssen. Hat er die Zusammenhänge nicht begriffen, oder ist er so verantwortungslos, daß ihn die Folgen nicht interessieren?

Grotesk ist es dabei, daß diese Leute sich für »Liberale« halten, aber die Freiheit ständig aufs Spiel setzen.

»Ausgewogenheit«

Über das Thema »Ausgewogenheit« müßte man jetzt eigentlich eine Satire schreiben. Darf ich deren Struktur skizzieren:

1. Da die Monopol-Medien keinen Erziehungsauftrag gegenüber einer ungebildeten Masse haben, müssen sie politisch ausgewogen sein.
2. Daß dies in unserem Lande nicht der Fall ist, wurde schon oft festgestellt. Aber die Medien-Machthaber weisen diese selbstverständliche Forderung hohnlachend zurück: Unsere Medien-Monopole müssen der linken Modernität vorbehalten bleiben, da lassen wir uns durch bürgerliche Beckmesser nicht behindern.
3. Nachdem nun aber mit den neuen Medien die Monopole fallen, entblödet man sich nicht, für diese »Ausgewogenheit« zu fordern. Man sagt zwar »Pluralität«, aber das ist nur eine Umschreibung für »Ausgewogenheit«.

Fazit: Ausgewogenheit braucht man nicht, solange linke Meinungen dominieren, wenn aber deren Vorherrschaft wankt, muß »Ausgewogenheit« her.
Die Hemmungslosigkeit der linken Meinungsherrschaft findet sich nicht nur in den Monopol-Medien, sondern z. B. auch an unseren Universitäten. Ein Professor hat an vielen unserer Universitäten nur die Wahl, entweder zu schweigen oder mit den linken Wölfen zu heulen. Bezeichnend ist, was mir ein international hochangesehener Professor vor Jahren schrieb:

»Nachdem ich 1933 als Liberaler und Jude das Dritte Reich verlassen hatte, war ich töricht genug, 1965 ein Ordinariat in Bern mit einem in Berlin zu vertauschen.

Jetzt muß ich mir mein Alter durch unwissende und nichtstuende Lausejungen und ihre Helfershelfer im Berliner Establishment vergällen und verkürzen lassen.
An wissenschaftliche Arbeit ist schon längst nicht mehr zu denken. Mein einziger Trost ist, daß ich mich ... zum frühest möglichen Termin werde emeritieren lassen können – falls ich es noch erlebe.«

An der Universität Ulm wagte Professor Kornhuber, ein international angesehener Neurologe, der einseitigen Indoktrination der Studenten entgegenzutreten. In der Studentenbücherei fand er zwar viele »linke« Bücher (95), aber nur wenige, die man nicht als »links« bezeichnen muß (7). Er schlug den zuständigen Stellen der Universität vor, diesen Zustand zu bereinigen. Was ihm danach widerfuhr, ist exemplarisch für die Hemmungslosigkeit der Indoktrination an Universitäten. Da schäumte die linke Intoleranz in Schlagzeilen und Flugblättern auf »Säuberungsaktion«, »Bücherverbrennung« – usw.
Dieter Lattmann, MdB, schrieb in einem »offenen« Brief an Professor Kornhuber:

»Da mit Bücherverboten so wenig wie mit deren Verbrennung zu spaßen ist, frage ich Sie: Sind Sie ernsthaft der Meinung, daß der Artikel 5 des Grundgesetzes abgeschafft werden sollte, der Zensur untersagt?«

Dabei hatte Lattmann wohl übersehen, daß selbst der ASTA-Vorsitzende die *»eindeutige Linkslastigkeit«* festgestellt hatte. Wie gesagt: Ausgewogenheit braucht man nicht, solange linke Meinungen dominieren, wenn aber deren Vorherrschaft einmal wankt, muß »Ausgewogenheit« her!

»Herrschaftsfreie Kommunikation«

Die linken Meinungsmacher kamen einst mit Verheißungen von »Emanzipation«, Toleranz und »herrschaftsfreier Kommunikation«. Nachdem sie aber nun Machtpositionen erobert haben, betreiben sie ihr Geschäft ohne jede Hemmung.
Denken wir beispielsweise an Staecks ideologische Grafik: Gibt es zu dieser außer im »Stürmer« irgendetwas vergleichbar Minderwertiges?
Wie tief muß das moralische Niveau der Leute sein, die *so* für sich werben lassen. Diese Leute sind unfähig, sich zu schämen.
Kürzlich war im »Spiegel« (6/1984) über den Regierungschef zu lesen:

»Der Grinsende grinste aus einer Mischung von Arglosigkeit und Angst. Er bettelte mit diesem Grinsen um Ablaß von etwas. Oder triumphierte er im schieren Behagen seines Behagens?«

Sollte *dies* der zukünftige Stil öffentlicher Auseinandersetzungen werden, dann könnte ich einige weitere Sujets vorschlagen:

– Kann aus Epplers Barttracht auf lebenslängliche Pubertät geschlossen werden?
– Wird Bölls politische Einfalt nicht bestätigt durch die Einfalt seines Gesichtsausdrucks?
– Beruht Brandts halboffener Mund auf *eigener* Debilität oder ist er ein Signal für debile Genossen?

Aber es wäre besser, wenn wir mit derartigen Unflätigkeiten erst gar nicht beginnen würden.

Gedankenverbrecher

In Orwells utopischem Roman »1984« jagt das Wahrheitsministerium »Gedankenverbrecher« und erklärt mißliebige Personen zu »Unpersonen«. Er wollte damit vor dem Leben mit der unwidersprochenen Lüge warnen. Wir Deutschen haben damit ja schon schreckliche Erfahrungen.
Darf ich Ihnen bitte berichten, wie ich schon 1983 als Gedankenverbrecher gejagt und zur Unperson gemacht wurde, zwar nicht von Orwells, wohl aber von Bölls Wahrheitsministerium, bestehend aus zwei Akademien und der »Zeit«. Sie wollten eine öffentliche Lüge mit aller Gewalt zur Wahrheit machen. Hatte ich doch 1983 in einem Festvortrag Böll zu kritisieren gewagt, beispielsweise gesagt:

»Extremes Beispiel der meinungsmachenden Feindschaft gegen unseren Staat ist der Staatspoet Heinrich Böll, dem schon vorgeworfen wurde – wie ich meine, mit guten Gründen – er habe den Boden der Gewalt durch den Ungeist der Sympathie mit den Tätern gedüngt.«

Nach diesem Vortrag bekam ich allerschärfste Zurechtweisung von der Berliner »Akademie der Künste«, unterschrieben von Günter Grass, Präsident. Sie warf mir *»Denunziation und Anwürfe«* vor und schrieb, es sei der Akademie *»eine Ehre, Heinrich Böll in Schutz zu nehmen gegen dümmliche und demagogische Anschuldigungen«*.
Ähnlich scharf wies die »Akademie der Wissenschaften und der Literatur« in Mainz *»die Unterstellungen ... gegen unser korrespondierendes Mitglied, Herrn Heinrich Böll ... mit Empörung zurück.«*
In der »Zeit« vom 28. 10. 1983 füllte F. J. Raddatz eine ganze Seite mit seiner »Polemik gegen Karl Steinbuchs Denunziation

der liberalen Öffentlichkeit«. Zur Sache wußte er gar nichts beizutragen – aber Raddatz gefiel die ganze Linie nicht und so schrieb er:

»Abstrus verwahrlostes Elaborat – ist eine hühnerhirnige Philippika – Progromprofessor – daß Steinbuch entweder nicht weiß, wovon er spricht – oder ein Fälscher ist – unreinlich und unredlich – scharfmacherischer Unsinn von Karl Steinbuch.«

Derart scharf von zwei Akademien und der »Zeit« verurteilt, kam ich mir vor wie eine vom Wahrheitsministerium ertappte Unperson in Orwells »1984«, die nicht glaubt, daß zwei mal zwei fünf ist.
Verwundert war und bin ich vor allem, wie leichtfertig die Akademien in Berlin und Mainz Urteile fällen – offenbar ganz ohne Sachkenntnis, einfach um ihren Glaubensgenossen zu decken.
Die Polemik der »Zeit« wunderte mich schon weniger – da gab es auch einmal eine Polemik gegen Konrad Lorenz – garniert mit Ratte und Hakenkreuz. Die »Zeit« ist eben so.
Aber ein schlechtes Gewissen bekam ich trotzdem nicht – ich las erneut und korrespondierte mit Sachkennern – und blieb bei meiner Überzeugung, daß Böll den Boden der Gewalt durch den Ungeist der Sympathie mit den Tätern gedüngt hat.
Hilfreich war mir hierbei ein Pfarrer im Ruhestand, der ein sehr lesenswertes Buchmanuskript geschrieben hat, das sich kritisch mit Bölls Publikationen auseinandersetzt, aber keinen Verleger findet.
Dieser Autor schrieb mir beispielsweise:

»Sehr schnell läßt Böll Molotow-Cocktails basteln; da genügt schon eine Nachricht aus der ›Sonntags-Zeitung‹. Wenn überall so schnell geschossen und Molotow-Cocktails geba-

stelt würden wie in Bölls ›Katharina‹, würde es furchtbar werden. Und das alles noch ohne Reue und Bedauern.
Als im Mai 1978 die ›Katharina‹ im Fernsehen gezeigt wurde, sah sich das Fernsehen genötigt, vor der Sendung zu erklären, daß Böll dieses Stück heute etwas anders schreiben würde.
Und mit ›heute‹ meinte man da doch ganz offensichtlich: heute, nach den Morden an Ponto, Schleyer u. a. Seine Aufgabe in unserem Staat sieht er darin (Neue politische und literarische Schriften Seite 26 und 29):
›Es bleibt nur das eine: zersetzen, zersetzen, zersetzen. Zersetzung ist hier die einzig mögliche Form der Revolution . . .‹«

Im »ZDF« fragte Rudolf Woller:

»Die Frage an Heinrich Böll muß sein Staatsverständnis zu ermitteln versuchen: Gibt es für ihn das Recht der Gemeinschaft, sich Regeln zu geben, Gesetze und das Recht, Gesetzesbrecher zu bestrafen? Oder gibt er das Recht für den, der mit der Rechtsordnung nicht einverstanden ist, im sogenannten »Volkskrieg« mit Gewalt und Raub, im Notfall auch durch Mord, die Mehrheit und ihre Überzeugung niederzukämpfen . . . ?
Er, der mit seinen Büchern in Ost und West Millionen verdient haben dürfte – spürt er noch die Verantwortung des Wortes?«

»Berliner Morgenpost«, Walter Brückmann:

»Eines Tages wird der Spuk der Baader-Meinhof-Bande vorüber sein. Doch die Bölls und die Brückners werden bleiben. Und von ihnen droht der Demokratie langfristig die größere Gefahr.«

»Kirchenzeitung« Erzbistum Köln,
Friedrich Graf von Westphalen:

»Es gibt einzelne Zeiterscheinungen, die schlagartig, blitzlichtgrell die geistige Landschaft ausleuchten, in der wir leben. Der Artikel von Heinrich Böll im Nachrichtenmagazin »Der Spiegel« mit seiner eindeutigen Tendenz, Sympathien für die Gewaltakte, für die kriminellen Handlungen der Baader-Meinhof-Bande zu erwecken, gehört zu ihnen. Denn die Nachsicht, die Milde gegenüber der kriminellen Aggression, das Verständnis für die Tat und den Täter, die sich wie ein Flächenbrand auszubreiten beginnen, werden Folgen zeitigen – für unser Rechtsbewußtsein, für den Staat, für die Gesellschaft.«

Derartige Urteile könnten noch viele gebracht werden – es gibt hierüber ja ganze Bücher.
Bölls Wahrheitsministerium – die zwei Akademien und die »Zeit« – nimmt all dies nicht zur Kenntnis. Und der ignorante Raddatz kann schreiben:

»Es gibt keine Zeile im Werk von Heinrich Böll, die derlei Mißinterpretation stützen könnte.«

Ich aber bleibe bei meiner Feststellung, daß Böll den Boden der Gewalt durch den Ungeist der Sympathie mit den Tätern gedüngt hat.

Macht ohne Geist

Lassen Sie mich dieses ganz deutlich sagen: Der Vortrag, der die zwei Akademien und die »Zeit« so sehr in Rage gebracht hat, war *nicht* in Unkenntnis der Folgen verfaßt worden – ich habe ihn verfaßt und gehalten in der klaren Voraussicht der Reaktion und in der festen Absicht, diese Neo-Autoritäten in Rage zu bringen. Deren Reaktionen sind ja nicht mehr überraschend, sondern leicht voraussehbar.

Ich wollte zeigen, daß diesen Neo-Autoritäten alle Argumente ausgegangen sind – daß sie nur noch ihre Macht ausspielen können.

Dies hat die Reaktion auf meinen Vortrag bestätigt: Hier ist Ignoranz und Impotenz etabliert – keine Sensibilität für die Gegenwart und keine Perspektive für die Zukunft. Hier ist Macht ohne Geist – eine abgewirtschaftete Meinungs-Mafia, die unsere Freiheit mißbraucht.

14. Warum haben wir keine Nobelpreisträger (mehr)?

Nobelpreise kennzeichnen den wissenschaftlichen Rang
Begabung und Forschungsmittel fehlen nicht!
Bildung ohne Leistungsanreiz
Die unkreative Universität
Die Verwilderung des Zeitgeistes

Nobelpreise kennzeichnen den wissenschaftlichen Rang*

Gemessen an der Zahl der Nobelpreise war Deutschland einst sehr erfolgreich. Aus deren großer Zahl sei hier nur an einige besonders Prominente erinnert: Röntgen, Planck, Einstein, Heisenberg, Nernst, Butenandt und Robert Koch.
Aber neuerdings ging die Zahl unserer Nobelpreisträger drastisch zurück. Wahrscheinlich gibt es jetzt in der ganzen Bundesrepublik nicht mehr so viele Nobelpreisträger wie es zeitweise allein in der Universität Göttingen gegeben hat. Nur ein geringer Trost sind in dieser Situation die Preise für Böll und Brandt.
Dieser auffallende Rückgang fiel zeitlich etwa zusammen mit der rapiden Verschlechterung der Bilanz im Patentaustausch. Die Zahl der Patentanmeldungen z. B. bei EDV-unterstützten Steuer- und Regelsystemen lag in Japan 1981 bei 149, in der Bundesrepublik Deutschland bei 10; bei Mikrocomputern hatte Japan 282, die Bundesrepublik lediglich 9; bei Robotern in Japan 75, in Deutschland 14.
Die Statistik der Nobelpreise ebenso wie die Bilanz des Patentaustausches zeigen beide, daß Deutschland seine einstige hervorragende Rolle in Wissenschaft und Technik verloren hat.
Dies ist für uns – dichtgedrängt in einem ressourcenarmen Lande lebend – eine Existenzfrage:
Wir können nicht von den natürlichen Ressourcen unseres Landes leben – wir müssen unsere Existenzgrundlagen durch hochwertige Naturwissenschaft und Technik und damit durch international konkurrenzfähige Industrie schaffen.

* Nach einem Beitrag für »German Comments« (Okt. 1984)

Gewiß: Unsere Kultur braucht mehr als internationale Konkurrenzfähigkeit und hochwertige Technik!
Aber wir können ohne diese

- unsere Volkswirtschaft nicht in Ordnung halten
- den Arbeitslosen nicht helfen – und
- die Milliarden für andere kulturelle Aufgaben nicht erwirtschaften.

Das Europäische Management Forum, eine unabhängige wissenschaftliche Schweizer Stiftung, hat die internationale Wettbewerbsfähigkeit von 22 Ländern ermittelt. (»Informationsdienst des Instituts der deutschen Wirtschaft«, Jg. 10, Nr. 21). Als Stärken der deutschen Wirtschaft werden genannt:

- die große internationale Bedeutung der deutschen Instustrie
- starke Exportkraft
- gute Handelsbilanzposition
- Qualität, Service und technische Ausstattung der Produkte
- Geldwertstabilität im Innern
- guter Außenwert der D-Mark und reichliche Devisenpolster (z. B. für Rohstoffeinfuhren)
- vergleichsweise liberale Wirtschaftsordnung
- stabiles politisches Umfeld.

Bemerkenswert ist, daß diese Liste *nicht* enthält: Forschung und Entwicklung. Es ist zu fürchten, daß dieser eine fehlende Posten alle anderen – vorhandenen – positiven Tatsachen langfristig obsolet macht.
Es ist nützlich darüber nachzudenken, *weshalb* kaum mehr Nobelpreise in unser Land kommen.
Ich bin überzeugt davon – und stehe hiermit nicht alleine –, daß unser Land von den erbrachten Leistungen früherer Genera-

tionen lebt. Unsere Generation verpraßt ein Vermögen, das Generationen vor uns angesammelt haben – und bringt kaum mehr etwas hinzu!

Begabung und Forschungsmittel fehlen nicht!

Als Voraussetzungen hochwertiger Wissenschaft erscheinen:

1. Begabte Menschen. »Begabt« soll hier heißen, daß einem Menschen die Fähigkeit zu wissenschaftlicher Höchstleistung angeboren ist.
2. Ein Bildungssystem, das die angeborenen Fähigkeiten wirksam bildet.
3. Die notwendigen Forschungsmittel – die materiellen Voraussetzungen hochwertiger Forschung: Existenzmöglichkeiten, Räumlichkeiten, Forschungsgeräte, Möglichkeiten zur Kommunikation mit anderen Forschern in- und außerhalb des Landes.
4. Die Motivation zu hohen Leistungen und anspornende Vorbilder.

Meine Überzeugung ist: In unserem Lande, der Bundesrepublik Deutschland, sind begabte Menschen und Forschungsmittel reichlich vorhanden, es fehlen aber die notwendigen Voraussetzungen im Bildungssystem, die Motivation zu hohen Leistungen und anspornende Vorbilder.
Daß begabte Menschen in der Gegenwart ebenso wie in der Vergangenheit vorhanden sind, ist schon aus genealogischen

Gründen selbstverständlich: Warum sollten die Kinder und Enkel der Menschen, die einst ein hervorragendes wissenschaftlich-technisches Niveau schufen, aus Gründen angeborener Unzulänglichkeit hierzu nicht mehr in der Lage sein? Dies muß allerdings eingeschränkt werden:

- Durch die enormen Menschenverluste während des Ersten und Zweiten Weltkrieges. Viele junge Wissenschaftler waren ja Soldaten, und viele von ihnen starben.
- Beträchtliche Menschenverluste brachte auch der Exodus jüdischer Mitbürger während des »Dritten Reiches«. Typisch hierfür ist Albert Einstein – aber es gab ja auch noch viele andere hochwertige Wissenschaftler mit ähnlichem Schicksal.

Bei den Aufwendungen für Forschung und Entwicklung liegt die Bundesrepublik Deutschland im internationalen Vergleich sicher nicht schlecht: Nach einschlägigen Angaben der FuE-Ausgaben (Forschung und Entwicklung) je Einwohner liegt sie hinter den USA an zweiter Stelle.
Allein die deutsche Wirtschaft wendet jährlich mehr als 15 Milliarden DM für Forschung und Entwicklung auf, weitere 3 Milliarden DM werden ihr von der Bundesregierung zur Verfügung gestellt.
Auch der unmittelbare Vergleich zwischen Forschungseinrichtungen in Deutschland und anderen – zum Beispiel in den USA – rechtfertigt kaum die Vermutung, unsere Wissenschaft leide unter Geldmangel.
Als ich nach Gastprofessur an der Stanford University in Kalifornien an meine deutsche Universität zurückkam und die ständigen Querelen über knappe Räumlichkeiten (wieder) erlebte, besänftigte ich: In solchen Räumen, wie sie bei uns für unzumutbar gehalten werden, arbeiten an der Stanford University Nobelpreisträger!

Meine Überzeugung ist:
Der drastische Abfall der deutschen Wissenschaft beruht auf

- Mängeln unseres Bildungssystems, das den einst vorhandenen starken Leistungswillen absterben ließ – und
- dem Fehlen der Motivation und anspornender Vorbilder.

Bildung ohne Leistungsanreiz

Als Mangel unseres Bildungssystems erscheint vor allem der geringe – oder gänzlich fehlende – Leistungsanreiz.
Die moderne Lernpsychologie hat gezeigt, daß die Anforderungen im frühen Kindesalter für die Entwicklung der Leistungsmotivation bestimmend sind. Was in diesem Alter versäumt wird, kann später nicht mehr nachgeholt werden.
Unsere mißliche Situation beschrieb Ludolf Hermann (»Rheinischer Merkur« 27. 01. 1984) so:

»Zwar besucht die Hälfte aller Kinder inzwischen weiterbildende Schulen. Aber sie lernen dort in der Regel nicht das, was sie zur bewegenden Kraft einer Gesellschaft prädestinieren könnte. Es sind nämlich, anders als der Wissenschaftsrat annimmt, nicht funktionale Werte, auf die es ankommt. Zur Ausbildung einer wirkkräftigen Persönlichkeit gehört vielmehr mindestens folgendes:
Persönliche Souveränität, ein weiträumig stimuliertes Interesse; die Fähigkeit, mit der Vergangenheit einen kreativen Dialog zu führen; Orientierungsvermögen im Kosmos der Wissenschaften; Sicherheit im Urteil und feste innere Haltung in ehtischen Fragen. Dies alles ist in der Selbstbedienungspädagogik für differenzierte Mittel- und Oberstufen nicht mehr enthalten.«

Erinnert sei hier auch an die »Saarbrücker Rahmenvereinbarungen« von 1960, die eine starke Abwertung der naturwissenschaftlichen Fächer an unseren Mittelschulen zur Folge hatten.

Die unkreative Universität

Die Frage: »Warum haben wir keine Nobelpreisträger (mehr)?« könnte leicht übersetzt werden in die Frage: »Weshalb sind unsere Universitäten so unkreativ?« Hier ist eine kurze Diskussion des Begriffes »Kreativität« angebracht.

Dieser Begriff ist ziemlich neu: Noch vor dreißig Jahren fand man ihn nicht in der Umgangssprache und kaum in Nachschlagewerken. Gegenwärtig findet er sich häufig, er wurde im psychologischen, soziologischen und pädagogischen Sprachgebrauch geradezu ein Modewort.

Aber das, was wir heute als Kreativität bezeichnen, gab es früher auch schon, es gab nur keine einheitlich akzeptierte Bezeichnung, man sprach vage von »Originalität«, »Erfindungstalent«, »Schöpferkraft«, »Genialität« usw.

Vor allem seit den Publikationen des amerikanischen Psychologen J. P. Guilford in den Jahren seit 1950 verfügen wir über einen prägnanten Begriff, mit dem die Interessierten etwa gleiche Vorstellungen verbinden.

Arthur Köstler beschrieb in seinem Buche »Der göttliche Funke« Beispiele kreativen Verhaltens – beispielsweise, wie Archimedes das Gesetz fand, daß der Auftrieb eines Körpers beim Eintauchen in eine Flüssigkeit gleich dem Gewicht der verdrängten Flüssigkeit ist: Heureka!

Die psychologische Forschung hat die Voraussetzungen der Kreativität untersucht.

Deren wichtigste sind: eine unvoreingenommene Haltung

gegenüber der Umwelt, scharfe Wahrnehmung – aber auch die kritische Bereitschaft, von vorgegebenen Normen abzuweichen, neue Normen und Formen zu produzieren und diese gegen Widerstände durchzusetzen – notfalls auch unter persönlichen Opfern.
Über die subjektiven Vorgänge beim Erfinden und Entdecken gibt es eine Reihe aphoristischer Darstellungen, so beispielsweise wie Kekulé angeblich im Traum die Ringstruktur des Benzols entdeckte (hier wird teilweise berichtet von karussellfahrenden Kohlenstoff-Atomen, teilweise von Affen, die sich aneinanderklammern) oder wie Mendelejew das periodische System der Elemente angeblich dadurch erfand, daß er mit ihren Symbolen Patience spielte.
Die subjektiven Vorgänge beim Erfinden sind weniger abstrakt, hier geht es vielmehr darum, die technischen Mittel immer wieder anders zu kombinieren, es ist eine Art Puzzlespiel auf höchster Abstraktionsebene.
Der Erfinder des *Makrolon*, Hermann Schnell, sieht als Voraussetzungen seiner Erfolge:

»Erstens ein gutes Rüstzeug im Hinblick auf chemische Kenntnisse und Erfahrungen. Zweitens die Fähigkeit, verschiedene Dinge zu kombinieren; Verknüpfungen zu schaffen; verschiedene Informationen in eine sinnvolle Ordnung zu bringen und Regeln vernünftigen Handelns daraus abzuleiten.
Um Erfolg in der Forschung zu haben, braucht ein Chemiker einen gesunden Sinn für das in der Technik Mögliche und Realisierbare; ein Sieb, aus einer Fülle von Ideen und Gedanken alles das abzuziehen, was aus dem einen oder anderen Grunde nicht durchführbar ist, und das wenige, das dann übrigbleibt, auch wirklich in die Tat umzusetzen.
Es ist nicht genug, daß man etwas erfindet, man muß es auch

merken, daß man etwas erfunden hat. Und dann muß man es durch alle weiteren Instanzen durchboxen.
Eine wesentliche Voraussetzung für wissenschaftlichen Erfolg ist, daß man nicht die Vorurteile anderer Leute übernimmt, sondern letztlich nur das glaubt, was man selber erfahren hat.
Und überhaupt zeichnet einen Erfinder aus, daß er erst mal an sein Produkt selber glaubt.«

E. Paul Torrance von der Universität von Georgia (USA) beschrieb die psychische Situation des Kreativen so:

»Das Entscheidende an der Kreativität ist, mutig in die Dunkelheit des Unbekannten hineinzugehen. Dazu gehört das fortwährende Suchen nach Wahrheit und persönliche Redlichkeit. Der wirklich kreative Mensch, den wir so dringend gebrauchen, muß selbständige Urteile fällen und zu ihnen stehen, auch wenn die Mehrzahl widerspricht. Man sollte nicht vergessen, daß jede neue Idee ihren Schöpfer zur Minorität eines einzigen macht. Dies ist sehr unbequem, schlimmer, als die meisten Menschen ertragen. Kurzum, Kreativität braucht großen Mut.«

Hier sei auch noch auf Paul Matusseks Buch »Kreativität als Chance« (R. Piper-Verlag, München 1974) verwiesen, in dem er u. a. auf die »Ambiguitätstoleranz« des Kreativen verweist:

»Sie läßt sich als die Fähigkeit definieren, in einer problematischen und unübersichtlichen Situation zu existieren und trotzdem unermüdlich an deren Bewältigung zu arbeiten. Die meisten Menschen ertragen die aus der Ungelöstheit entstehenden Spannungen nur für kurze Zeit und verzichten somit auf eine fruchtbare Lösung. Der Kreative kann dagegen die Ungelöstheit als Problem lange aushalten, ohne die

intensive Arbeit an ihm aufzugeben. Er gleicht damit dem Frosch in der Fabel. Dieser sprang mit einem anderen Frosch in einen Eimer Milch. Zunächst tranken sie ausgiebigst von der unvertrauten, aber wohlschmeckenden Flüssigkeit. Als sie nicht mehr konnten, versuchten sie durch Strampeln aus dem Gefäß herauszukommen. Sie schafften den befreienden Sprung nicht. Schließlich erstickte der eine, weil er aufgegeben hatte.

Der andere machte weiter, wenn auch nur mit allergrößter Anstrengung. Als die ersten Strahlen der Morgensonne über der Wiese glänzten, saß dieser Frosch auf einem Klumpen Butter. Er war gerettet, denn nun hatte er die Unterlage, von der aus der Absprung gelang.«

Das Bildungssystem – vor allem die Universität – sollte Kreativität erzeugen. Aber die Universitäten der Bundesrepublik Deutschland wurden in den letzten Jahren so »reformiert«, daß Kreativität verhindert wird. Am Ende dieser »Reformen« waren die Universitäten ausgerechnet dort noch am besten, wo die »Reformen« am wenigsten gegriffen hatten. Wer diese sogenannte »Reform« aus der Nähe miterlebt hat, der weiß, daß es hier weniger um eine Verbesserung der Bildung, mehr um eine Kulturrevolution via Universität ging. Hierzu sei verwiesen auf H. Lübbes Buch »Unsere stille Kulturrevolution« (Edition Interfrom AG, Zürich 1976). Was hierbei angerichtet wurde, beleuchten einige Bücher, so zum Beispiel.

»Hochschulreform – und was nun?«
Herausgegeben von H. A. Glaser,
(Verlag Ullstein, Frankfurt am Main 1972)

H. Schoeck,
»Ist Leistung unanständig?«
(Verlag A. Fromm, Osnabrück 1971)

E. Noelle-Neumann,
»Werden wir alle Proletarier?«
(Edition Interfrom AG, Zürich 1978)

Lassen Sie mich einige Aspekte dieser Fehlentwicklung skizzieren!
Ein dominierendes Organisationsprinzip der Universitätsreform war die sogenannte »Gruppen-Universität«, in der akademische Stände wie Studenten, Assistenten, nichtwissenschaftliches Personal, Professoren zu gemeinsam agierenden Gruppen zusammengefaßt und ihre Interessen gegen die anderer Gruppen gestellt wurden.
So trug man den Klassenkampf in die Universitäten hinein. Die verschiedenen Mitglieder der Universität begegneten sich nicht mehr vorwiegend zur gemeinsamen Lösung wissenschaftlicher Probleme, sondern zu politischen Auseinandersetzungen.
Dies hatte – u. a. – zur Folge, daß der Zeitaufwand für nichtwissenschaftliche Arbeit ungeheuer zunahm. Die Annahme, unsere Universitäten betreiben in erster Linie Forschung und Lehre ist – oder war wenigstens lange Zeit – unzutreffend: Unsere Universitäten betreiben Verwaltung und Lehre. Die Lehre war durch Stundenpläne und Deputate fixiert – zu kurz kam vor allem die Forschung.
Das Ausmaß unproduktiver Arbeit an unseren Universitäten kann sich ein Außenstehender kaum vorstellen: Da wurde für jede noch so unwichtige Aufgabe ein Gremium mit Vorsitzendem und Protokollführer bestimmt, Termine anberaumt, Protokolle genehmigt, Einsprüche erörtert und Beschlüsse vertagt. Dieses Getue füllte einen großen Teil der Zeit, von welcher Außenstehende vermuteten, sie würden für Forschung und Lehre genutzt.
R. Dahrendorf verkündete einst: »*Bildung ist Bürgerrecht*«. Dies mag bei wohlwollender Interpretation sogar vertretbar

sein – aber in den Niederungen der Bildungspraxis wirkte diese Devise verheerend: Da verlangt der akademische Homunkulus zuerst motiviert und dann mit Wissen angefüllt, alimentiert und mit einem glänzenden Diplom verabschiedet zu werden – und das alles ohne persönliche Leistung, einfach als Einlösung des Bürgerrechts auf Bildung.
So geht es sicher nicht: Man muß Bildung wieder als Ergebnis persönlicher Anstregungen und Leistung verstehen!
Ganz falsch ist die Vorstellung: Je mehr studieren, desto höher ist das erreichbare wissenschaftliche Niveau!
Nein! Dieser Mechanik folgt ein Sandhaufen, der um so höher sein kann, je breiter seine Basis ist – aber dieser Mechanik folgt nicht die Wissenschaft.
Diese braucht einsame Arbeit, in der Geschrei, Demos und Sit-ins nichts zu suchen haben, in der das einsame Argument stärker sein kann als die massenhafte Demonstration.
Unsere Universitäten wurden immer mehr zu Geleitzügen, deren Fahrt durch die Langsamsten bestimmt ist. Aber Wissenschaftseinrichtungen müßten eine freie Jagd auf neue Erkenntnisse veranstalten.
Wir erwarten von den Universitäten Kreativität – neue Ideen, welche unser zukünftiges Leben verbessern könnten. Kreativität ist immer ein Schritt ins Dunkel hinein, der den Schreitenden zur gefährdeten Minderheit macht – und deshalb den Schutz seiner Umgebung braucht.
Wo aber – wie in unserem gegenwärtigen Universitätsbetrieb – jeder Schritt peinlich gerechtfertigt werden muß – vor Gremien, die geistig noch nicht so weit und häufig intolerant sind – kann man keine Kreativität erwarten.

Die Verwilderung des Zeitgeistes

Die Kritik, die ich hier vorgebracht habe, ist nicht neu. Ähnliches habe ich beispielsweise in dem Buche »Falsch programmiert – Über das Versagen unserer Gesellschaft in der Gegenwart und vor der Zukunft und was eigentlich getan werden müßte« (DVA Stuttgart 1968) schon geschrieben.
Damals warnte J. J. Servan-Schreiber in seinem Buche »Die amerikanische Herausforderung«, daß in wichtigen wissenschaftlich-technischen Bereichen die Europäer immer weiter zurückfielen.
Jetzt frägt beispielsweise Bruce Nussbaum (in seinem Buche »Das Ende unserer Zukunft«, Kindler-Verlag, München 1984): Wird aus dem Lande des Wirtschaftswunders der kranke Mann Europas?
Aber alle derartige Warnungen verpuffen in unserem Lande wirkungslos. Unsere Öffentlichkeit und der vorpolitische Raum – wo der politische Kurs entworfen wird – sind von derartigen Überlegungen gänzlich unberührt. Dort wird ganz anders gedacht, dort ist man unendlich weit entfernt von derartigen banalen Fragen, zum Beispiel der Frage, wovon die Menschen unseres Landes denn leben sollen, wenn wir keine hochwertige Wissenschaft und keine konkurrenzfähige Industrie mehr haben.
Der Zeitgeist hat sich von den Notwendigkeiten unserer Existenz weit entfernt. Ich fürchte, daß unser Land noch einen großen Leidensdruck erleben muß, bis es sich wieder seinen existentiellen Problemen stellt.

15. Plädoyer für Elite-Universitäten

Über die Notwendigkeit von Eliten
Wissenschaftliche Elite
Der beklagenswerte Zustand unseres Bildungswesens
Die fehlende Kreativität
Elite-Universitäten
Bildung braucht begeisternde Ziele

Über die Notwendigkeit von Eliten*

Wer in unserer Zeit vorherrschenden Gleichheits-Wahns wagt, für Elite-Universitäten zu plädieren, tut gut daran, sich gegen gewollte oder ungewollte Mißdeutungen abzugrenzen: Elite-Universitäten, wie sie unsere Sozietät, Wirtschaft und Staat brauchen, sollten

- nicht auf Privilegien, zum Beispiel der Geburt oder des Geldes beruhen,
- sondern jedem Begabten die Chance geben, sich durch außerordentliche Leistungen zu qualifizieren.

Die geschichtliche Erfahrung hat es gezeigt und seriöse Sozialtheorie sagt es: Jede stabile politische Ordnung ist auf eine Elite angewiesen: Auf Menschen, die durch ihren Einfluß – von ihrer öffentlich vertretenen Meinung bis zum persönlichen Verhalten – diese Ordnung als gelten sollend vertreten.
Ich fürchte, daß unser gutes politisches System viel weniger stabil ist, als zunächst erscheinen könnte: Uns fehlt eine geistige Elite, die sich *für* dieses gute politische System exponiert – wir haben nur Heerscharen von Meinungsmachern, denen dieses gute System widerwärtig ist.
Das Angewiesensein auf eine Elite beruht letztlich auf der informationellen Unzulänglichkeit des Menschen: Auf der Tatsache, daß des Menschen Bewußtsein der Komplexität seiner Welt nicht gewachsen ist. (Siehe Abschnitt 9.)
Zu ihrer Überwindung gibt es nur einen einzigen Weg: Man muß fremden Erfahrungen folgen – und diese kommen aus zwei Quellen:

---

* Erschienen in den »Paderborner Studien«, Jahrgang 1984, Heft 1/2

- Erstens der historischen Erfahrung, die ein immenser Schatz an Einsichten über menschliches Verhalten und seine Folgen ist – und
- zweitens dem Beispiel vorbildlicher Menschen, welche uns die subjektiv nicht verarbeitbare Komplexität durch Rat und Tat verständlich machen.

Was wir als »Elite« verstehen, hängt wesentlich davon ab, welche Vorstellungen wir von einer wünschenswerten menschlichen Existenz und Gesellschaft haben – es ist hochgradig ideologisch bestimmt.
Was wir sicher *nicht* wollen, ist eine »Nomenklatura«, eine »neue Klasse« von Funktionären einer Partei, die »immer recht hat« – und ist auch nicht die »Gedankenpolizei« Orwells, die Gedankenverbrecher aufspürt und der »Vaporisierung« zuführt.
Was wir jedoch dringend brauchen sind Menschen, die sich bewußt für unsere liberale Demokratie einsetzen, vor Fehlentwicklungen warnen und gangbare Wege in die Zukunft weisen.
Die Notwendigkeit einer Elite ergibt sich auch aus dem Dilemma, in dem die westlichen Demokratien stehen:

- Einerseits werden die zu lösenden politischen Probleme immer komplizierter – beispielsweise bei der Friedenserhaltung, der Ökologie oder der Medienpolitik –, so daß nur noch eine Minderheit von Fachleuten die Problematik versteht und erfolgreiche Lösungen vorschlagen kann – aber
- andererseits leben wir mit der politischen Fiktion, es dürfe nichts geschehen, was nicht die Mehrheit der Mitbürger versteht und billigt.

Aus diesem Dilemma gibt es nur einen einzigen annehmbaren Ausweg: Eliten zu vertrauen, daß sie auch dann »richtig«

handeln, wenn man ihre Schlüsse nicht nachvollziehen kann.
Aber dieser Ausweg ist bei uns vielfach ideologisch blockiert: Viele Mitbürger haben sich in die Vorstellung verrannt, eine komplexe Industriegesellschaft könnte »basisdemokratisch« gesteuert und kontrolliert werden.
Eigentlich haben uns doch die praktischen Erfahrungen der letzten Jahre – vom Niedergang unseres Bildungssystems bis zur Lähmung unserer Parlamente – deutlich gezeigt, daß die »Basisdemokratie« ein Irrlicht ist und daß wir in Staat, Wirtschaft und Wissenschaft auf eine Elite angewiesen sind.
Auch heute noch gilt, was Friedrich Schiller im »Demetrius« einst gesagt hat:

»Was ist die Mehrheit? Mehrheit ist der Unsinn; Verstand ist stets bei Wen'gen nur gewesen. ...
Man soll die Stimmen wägen, und nicht zählen; Der Staat muß untergehn, früh oder spät, wo Mehrheit siegt und Unverstand entscheidet.«

Die Erfahrungen der letzten Jahrzehnte bestätigten erneut Schillers Warnung vor dem Unverstand: Mehrheiten folgten vielfach Leuten, die ohne Qualifikation in einflußreiche Positionen der Politik, Publizistik oder Verbände eingedrungen waren und dort die Massen um sich scharten.
Grotesk ist, was für Leute bei uns gegenwärtig als »Elite« gelten: Sie rufen zur »Zersetzung« auf und nehmen die wichtigste Aufgabe einer Elite – vor Fehlentwicklungen zu warnen – gar nicht wahr.
Im Interesse unseres guten liberalen Systems: Wir brauchen dringend eine Elite, welche die Zusammenhänge versteht, Verantwortung übernimmt und sich für dieses gute politische System exponiert.
Aber die Verhältnisse sind nicht so: Typisch hierfür ist die demagogische Ausbeutung der (lebenswichtigen!) Ökologie,

die demagogische Ausbeutung der Friedenssehnsucht und die demagogische Ausbeutung der »Bildungsreform« – die ja keinesfalls zu einer besseren Bildung geführt hat, sondern zur Pulverisierung unseres einst hochwertigen Bildungssystems zwischen zwei Mühlsteinen: Der Ideologie und der Bürokratie.

Die Veränderungen durch die Inkompetenten führten vielfach dazu, daß der Zustand nach angeblichen »Reformen« viel schlechter war als zuvor.

Wissenschaftliche Elite

Die Notwendigkeit einer Elite zeigt sich besonders deutlich am beklagenswerten Zustand unserer Wissenschaften: Unser Land war einst führend bei den Nobelpreisen, im Ansehen seines Bildungssystems und beim internationalen Patentaustausch – aber in den letzten Jahren fielen wir weit zurück, es kommen kaum mehr Nobelpreise in unser Land, unser Bildungssystem erscheint im internationalen Vergleich ziemlich kläglich, und im Patentaustausch nehmen wir mehr als wir geben.

Dieser klägliche Zustand ist für unser dichtbesiedeltes und ressourcenarmes Land sehr gefährlich: Wir sind auf technische Konkurrenzfähigkeit und damit auf hohes wissenschaftlich-technisches Niveau zwingend angewiesen.

Zugegeben – vorläufig ist unsere Situation noch erträglich, aber die Aussichten für die Zukunft sind nicht gut, wir haben in zukunftsträchtigen Gebieten viel Boden verloren.

Wir hatten einst eine hervorragende wissenschaftlich-technische Elite – Namen wie Planck, Heisenberg, Daimler, Benz, Bosch, H. Hertz usw. erinnern daran.

Als typisch erscheint Werner von Siemens, der als Entdecker und Erfinder, als Unternehmer und politischer Mitbürger zugleich vorbildlich war.

Es gibt in Deutschland außer der Firma Siemens auch noch andere elektrotechnische Unternehmungen. Obwohl diese originäre Leistungen aufzuweisen haben und auch international erfolgreich sind, bleiben sie doch im Schatten des großen Hauses Siemens. Was ihnen fehlt, ist das Vorbild und der Ansporn, der von der außergewöhnlichen Symbolfigur Werner von Siemens ausging. Was machte diese Vorbildlichkeit aus?

– Erstens Siemens' außerordentliche wissenschaftliche und technische Fähigkeiten, die sich in vielen Entdeckungen und Erfindungen manifestierten;
– zweitens sein organisatorisches Geschick, das sich nicht nur zu Hause beim Aufbau seiner Firma zeigte, sondern auch bei der Lösung schwieriger praktischer Probleme »vor Ort« – z. B. in fremden Ländern oder auf hoher See;
– drittens seine lautere Motivation, die ihm das Vertrauen seiner Kunden, Mitarbeiter, Geschäftspartner, Mitbürger, staatlicher Instanzen, ja sogar seiner Konkurrenten einbrachte.

Aber Werner von Siemens ist ja nur *ein* Beispiel einer zahlreichen naturwissenschaftlich-technischen Elite, die so ganz anders ist, als das zeitgenössische Klischee vom »Technokraten«. In unserer Zeit ist besonders an H. Nixdorf zu erinnern, der gewissermaßen »aus der hohlen Hand« eine Milliardenfirma aufgebaut hat. Welche hervorragenden Männer hat beispielsweise unsere Chemie und Pharmazie, unser Maschinenbau usw. vorzuweisen! Deren vorbildlichen Leistungen könnten unserem Bildungssystem wertvolle Orientierungen geben!

Der beklagenswerte Zustand unseres Bildungswesens

Machen wir uns hierüber keine Illusionen: Der beklagenswerte Zustand unseres Bildungswesens ist vorwiegend *nicht* die Folge seiner unzureichenden Finanzierung, sondern falscher Vorstellungen darüber, was Bildung überhaupt soll.
Da herrscht ein Lazarett-Geist vor, der alle sanieren und diplomieren möchte – aber es fehlt der Wille zu höchsten Leistungen.
Das beginnt schon in den Schulen, welche den Schülern keine starken Leistungsanreize mehr geben. Aber die moderne Lernpsychologie hat doch gezeigt, daß die Anforderungen im frühen Kindesalter die Entwicklung der Leistungsmotivation bestimmen. Was in diesem Alter versäumt wird, kann später nicht mehr nachgeholt werden. (Siehe Abschnitt 14.)

Die fehlende Kreativität

Wir erwarten von den Universitäten Kreativität – neue Ideen, welche unser zukünftiges Leben verbessern könnten. Kreativität ist immer ein Schritt ins Dunkel hinein, der den Schreitenden zur gefährdeten Minderheit macht – und deshalb den Schutz seiner Umgebung braucht.
Die sogenannte »Bildungsreform« der letzten Jahrzehnte startete mit der zunächst plausiblen Annahme: Wir brauchen viele Menschen mit einem hohen Bildungsgrad.
Aber aus dieser plausiblen Annahme wurden ganz falsche Konsequenzen gezogen: Jetzt haben wir Heerscharen stellungsloser Soziologen, Psychologen und Politologen, während

die zukunftsträchtigen Bereiche von Naturwissenschaft und Technik in Quantität und Qualität unzureichend sind.

Dazu kommt, daß unsere Universitäten durch den extremen Massenbetrieb ein immer geringeres wissenschaftliches Niveau bieten, das Gespräch zwischen Professoren und Studenten vielfach zum Erliegen gekommen ist und die Verwaltungsarbeit Lehre und Forschung verdrängt.

Obwohl unser Land auf höchste Leistungen in Wissenschaft und Technik zwingend angewiesen ist, kann es ein Professor kaum wagen, von seinen Studenten höchste Leistungen zu verlangen: Fallen zu viele bei seinen Prüfungen durch, dann muß er sich möglicherweise vor dem Ministerium und Parlament rechtfertigen.

Derartige Mißstände haben sich in unseren bestehenden Universitäten fest etabliert, so daß es aussichtslos ist, sie in zäher Kleinarbeit herausoperieren zu wollen.

Elite-Universitäten

Es wäre aussichtsreicher, neue Universitäten, Elite-Universitäten aufzubauen, die nicht die Quantität, sondern die Qualität anstreben.

Ob diese nun staatlich oder privatwirtschaftlich organisiert sind, ist von geringer Bedeutung.

Unser Land braucht solche Elite-Universitäten, welche aus den offensichtlichen Fehlern der bestehenden Universitäten die Konsequenzen ziehen und

- die besten Lehrer – ohne Rücksicht auf politische Opportunität – heranziehen;
- die begabtesten Studenten anziehen,

- sich zu Höchstleistungen bekennen – und
- vor Bürokratie und Ideologie geschützt werden.

Diese Elite-Universitäten sollten sich nicht scheuen, zu »bilden« – was mehr ist als Wissen zu vermitteln, was vielmehr auch die Heranbildung des Charakters anstrebt.
Sie sollten auch fachübergreifende Gespräche über unsere zukünftige Existenz pflegen.
Sie sollten auch wieder Formen des Umgangs entwickeln, durch welche kontroverse Meinungen anders als durch Schlammschlachten ausgetragen werden.

Bildung braucht begeisternde Ziele!

Bei den meisten Diskussionen über Bildung blieb ein Sachverhalt unberücksichtigt, der von zentraler Bedeutung ist:

Bildung braucht begeisternde Ziele!

Das amerikanische Bildungssystem wird vor allem durch die Weltraumfahrt begeistert, das russische durch das Ziel, es den Amerikanern gleichzutun oder diese möglichst sogar noch zu überholen.
Aber unserem Bildungssystem fehlt jede derartige Faszination, es ist – überspitzt ausgedrückt – ein System hoffnungsloser Mittelmäßigkeit. Vermutlich sind alle Reformversuche erfolglos, solange nicht die Faszination anspornender Ziele unser Bildungssystem erfaßt. Man sollte sich hierbei nicht begnügen mit der müden Phrase »Wir sind eben keine Großmacht!«

Es gibt durchaus Ziele, welche keine Großmachtstellung voraussetzen und doch Begeisterung erzeugen können. Erinnert sei an eine Aufgabe, die bei uns durch ständige Deklamation ziemlich abgenützt ist, aber – ernst und handlungsbestimmend verstanden – eine enorme Faszination in sich trägt, nämlich: Wie können Naturwissenschaft und Technik dem menschlichen Leben wirksam dienen? Wie können also beispielsweise Naturwissenschaft und Technik eingesetzt werden, um ein höchstwertiges Bildungssystem, ein höchstwertiges Gesundheitswesen, eine menschliche Stadtkultur zu verwirklichen?
Auf ein bestimmtes Problem sei hier ausdrücklich hingewiesen: Auf die Entwicklung zur »Informationsgesellschaft« und die weltweite Ratlosigkeit vor deren Problemen.
Hochentwickelte Gesellschaften werden ja in der Zukunft viel mehr als in der Vergangenheit durch Informationstechnik bestimmt sein. Immer mehr Telekommunikation besorgt den Transport von immer mehr Information, die teils von Menschen, teils von immer intelligenteren Computern verarbeitet werden (Abschnitte 8 und 9).
Die aufkommende Informationstechnik wird unser Zusammenleben wahrscheinlich noch mehr verändern, als dies der Buchdruck einst tat – der immerhin Aufklärung, Liberalisierung und bürgerliche Freiheiten möglich machte.
Vor dieser voraussehbaren Veränderung unseres Zusammenlebens herrscht tiefste Ratlosigkeit. Wir wissen weder, wie wir mit den voraussehbaren Freisetzungen und der Arbeitslosigkeit, noch mit den zu erwartenden kulturellen Veränderungen vernünftig fertigwerden sollen.
Es wäre für eine Elite-Universität eine faszinierende Aufgabe, darüber nachzudenken, wie die voraussehbare Informationsgesellschaft organisiert werden könnte – so daß möglichst geringe soziale Schmerzen entstehen und die allgemeine Wohlfahrt gefördert wird.
Lassen Sie mich schließen mit den Worten von Minister

Genscher, der die Diskussion um die Elite-Universität dankenswerterweise wieder in Gang gesetzt hat:

»Noch haben wir die Ressourcen, um in den Spitzentechnologien zu den USA und Japan aufzuschließen.
Pessimismus, die Vorstellung eines unausweichlichen Abstiegs wären völlig verfehlt.
Worauf es ankommt, ist, daß wir uns der Herausforderung bewußt werden, und daß wir sie bestehen wollen.«

16. Die rechte Zukunft

Uns hat die Realität überfallen
Krieg oder Frieden?
Der Mensch lebte immer mit Gefahren
Die Bringschuld der Erfahrenen
Unhaltbare Anklagen
Der verlorene Leistungswille
Die »Weltwerkstatt«
Entdeckungen und Erfindungen
Plädoyer für Selbständigkeit
Deutsche Identität heute
Stolz auf unser bürgerliches System
Des Menschen Angewiesensein
auf Vertrauen und Glauben

Uns hat die Realität überfallen

Wie weit sich unser Denken von der Realität entfernt hat, wird besonders deutlich bei der Lektüre des Buches »Die Zukunft Deutschlands« (H. Kahn und M. Redepenning, Molden Verlag, Wien 1982), das außerhalb unseres deutschen Wolkenkuckucksheims entstanden ist und beispielsweise feststellt:

- Unserer Bildungsreform hat das wesentliche Motiv gefehlt, nämlich die Bildung zu verbessern.
- Die Friedensbewegung macht nicht den Frieden wahrscheinlicher, sondern den Krieg.
- Die postindustrielle Gesellschaft ist eine Art Belohnung für einen langen Industrialisierungsprozeß, nicht aber ein Ablösen der hochproduktiven Industrie durch »alternative« Produktionsformen.
- Die in der Bundesrepublik Deutschland zu beobachtende Aversion gegenüber der Technik verbaut die Möglichkeit, sich an die Spitze der Beherrschung der Technik zu setzen.
- Der soziale Friede geht auch verloren, wenn wir unsere Wirtschaft so überfordern, daß sie nicht mehr konkurrenzfähig ist.
- Jede Nation, die den Terrorismus wirksam bekämpfen will, muß scheitern, wenn sie nicht von der Richtigkeit ihres Tuns überzeugt ist.

Diese Feststellungen – die unsere Situation frei von den bei uns üblichen Vorurteilen kennzeichnen – zeigen, auf welch abwegigen Vorstellungen wir unsere Zukunftsgestaltung aufgebaut haben. Deren üblen Folgen sind die gigantische Staatsverschuldung, die vielen Firmenzusammenbrüche und die enorme Zahl von Arbeitslosen.

Krieg oder Frieden?

Unsere Welt ist verstört durch sowjetische Aggressionen: Ungarn 1956, Tschechoslowakei 1968, Afghanistan 1980 – nicht zu vergessen die militärischen Umtriebe in Afrika und die Unterdrückung des polnischen Volkes. Diese Aggressionen sind die zwangsläufigen Folgen der marxistischen Ideologie: Die »Weltrevolution« muß mit allen Mitteln vorangetrieben werden!
Angesichts dieser Aggressionen sollten wir uns darüber klar sein, daß nichts einen Aggressor so sehr lockt wie ein Machtvakuum. Keine rational handelnde Regierung wird jemals einen Krieg beginnen, wenn dessen Risiken groß sind. Wenn einer jedoch seine Unterwerfung ankündigt – z. B. mit »Lieber rot als tot!« –, dann macht er das Risiko für einen Aggressor sehr klein – er lädt ihn geradezu ein.
Wer den Frieden will, muß in unserer Zeit – wie zu allen Zeiten – das Risiko für einen Aggressor groß machen. Dies braucht kein Säbelrasseln und keine Hysterie – dies braucht Rationalität, Wehrbereitschaft und das Bewußtsein, welche Folgen der Verlust der Freiheit für uns alle hätte.
Das beste, was wir – eine mittlere Macht – zur Erhaltung des Weltfriedens tun können, ist dies: Allerseits deutlich machen, daß wir keine kriegerischen Absichten haben, uns aber mit allen Kräften gegen einen Aggressor wehren werden.

Der Mensch lebte immer mit Gefahren

Der Mensch lebte zu allen Zeiten mit Gefahren. Einst waren es die Gefahren des Jägers, des Bauern, des Soldaten – jetzt sind es die Gefahren der Produktion, des Verkehrs, des Haushalts. In unserer Zeit hat sich aber nicht nur die Art der Gefahren verändert, sondern auch das menschliche Selbstverständnis.
Einst lebte der Mensch im Glauben an einen gütigen Gott, der ihm in dieser gefährlichen Welt immer wieder hilft. Aber jetzt lebt er vielfach ohne einen solchen Glauben – er lebt mit der Verstehensillusion der Massenmedien und dem Anspruch auf absolute Sicherheit und Besitzstandsgarantien.
Die Einsicht, daß man einmal sterben muß, ist ganz unzeitgemäß, sie paßt nicht zur Illusion des Zeitgeistes, alles versichern zu können, man verdrängt sie.
Die Einsicht, in einer Welt voller Gefahren zu leben, könnte einen nachdenklichen Menschen zurückführen auf die Einsicht, daß seine Existenz in jeder Hinsicht eine abhängige Existenz ist.

Die Bringschuld der Erfahrenen

Nicht erbracht wurde und wird die Bringschuld der Erfahrenen: Glaubwürdige Ratschläge für ein Leben in einer gefährlichen Welt.
Es ist historisch einmalig, wie hier ein altes Kulturvolk seine Jugend betrügt und ins Unglück stürzt. Dabei meine ich mit dem »alten Kulturvolk« das deutsche Volk – das immerhin schon einen Goethe und einen Kant hervorgebracht hat.
Aber man sollte auch nicht die schändliche Feigheit derer

übersehen, die eigentlich unser gutes politisches System verteidigen müßten – tatsächlich aber Position um Position aufgeben.
Zweierlei möchte ich denen vorwerfen: Ihre Kritiklosigkeit und ihre Feigheit:

1. Sie nehmen die vorherrschende modernistische Ideologie weitgehend unempfindlich und kritiklos hin – obwohl sie aufgrund ihrer praktischen Arbeit es wohl wissen, daß man so, wie diese Ideologie es meint, keines unserer Probleme lösen kann:
   – daß man so die Kinder nicht erziehen kann
   – daß man so kein Bildungssystem organisieren kann
   – daß man so nicht zusammenleben kann
   – daß man so unseren Wohlstand nicht erhalten kann
   – daß man so Frieden und Freiheit nicht erhalten kann
   usw.
   Aber sie haben es einfach nicht begriffen, daß man in unserer Gesellschaft – die so viel von »Demokratie« flunkert – sich regen und widersprechen muß, wenn man anderer Meinung ist: Wer schweigt, hat schon zugestimmt. Wir müssen endlich feststellen, wie wenig Verstand bei diesen modernistischen Maulwerksburschen hinter der gigantischen Wortproduktion steht, daß ihre Weltbilder falsch und ihre Zukunftsentwürfe nutzlos sind: Ein Sammelsurium von Irrtümern, Wunschdenken und Rhetorik – daß sie uns überhaupt keine Orientierungen für den gefährlichen Weg in die Zukunft und eine komplexe Welt geben können.

2. Die »Bürgerlichen« kneifen feige vor den notwendigen Auseinandersetzungen. Unser Volk hat zwar im Kriege Übermenschliches geleistet – aber kaum einmal Zivilcourage gezeigt. Es ist beschämend zu sehen, wie Leute, die es

eigentlich viel besser wissen, vor den modernistischen Ideologen kneifen. Dabei sind die Risiken doch gering: Wer vor fünfzig Jahren der vorherrschenden Ideologie widersprach, riskierte Leib und Leben. Wer aber heutzutage der vorherrschenden Ideologie widerspricht, riskiert höchstens eine gehässige Berichterstattung durch das Medienkartell – und die ist in wenigen Tagen schon wieder vergessen.

Unhaltbare Anklagen

Unsere Öffentlichkeit ist gegenwärtig erfüllt von Anklagen – beispielsweise den Anklagen einer angeblich »kritischen« Intelligenz, die technischen Fachleute hätten Umwelterhaltung versäumt und sich nicht um »alternative« Energiequellen und Energiesparen gekümmert.
Aber diese Behauptungen widersprechen allen überprüfbaren Tatsachen!
Tatsache ist, daß bis zum Jahre 1970 die Öffentlichkeit die Probleme des Umweltschutzes überhaupt nicht wahrgenommen hat. Beispielsweise suchen wir in R. Jungks Buch »Die Zukunft hat schon begonnen« vergeblich nach Umwelt-Bewußtsein.
Aber schon Jahrhunderte vorher haben Naturwissenschaftler und Ingenieure über den Schutz der Umwelt nachgedacht und konkrete Verbesserungen verwirklicht. (Dies habe ich in dem Buch »Diese verdammte Technik« ausführlich dargestellt.)
Es ist eine grobe Verfälschung der Tatsachen, wenn jetzt behauptet wird, die angeblich »kritische Intelligenz« habe die Techniker erst auf den Umweltschutz stoßen müssen.
Daß man bei steigenden Energiekosten immer mehr für

Energieeinsparungen aufwenden muß, war Technikern zu allen Zeiten klar – allerdings dachte keiner daran, aus dieser Banalität eine Ideologie zu machen.

Durch die gegenwärtig so aggressive und inkompetente Technikkritik wird unsere Technik vielfach desoptimiert: Man geht also nicht den besten technischen Weg, sondern schlechtere. (Dies nicht im Interesse einer profitgierigen Industrie, sondern im Interesse unseres Gemeinwohls.)

Nicht die Technik als solche ist Schuld an der Umweltzerstörung, sondern die allzugroße Zahl von Menschen und ihre immensen Ansprüche. Die Schuld der Technik liegt höchstens darin, daß sie die Befriedigung unmäßiger Ansprüche ermöglicht.

Die Umwelt wäre auch heute noch in Ordnung – trotz aller Technik – wenn die Bevölkerungsexplosion nicht stattgefunden hätte und die vielen Menschen immer noch so bescheiden lebten, wie einst ohne Technik.

Weshalb betone ich dies?

Deshalb, weil die Umweltschutzideologie vielfach mit Angriffen auf die Technik endet – ohne zu den eigentlichen Ursachen der Umweltzerstörung durchzustoßen: Der allzu großen Zahl von Menschen und ihren allzu großen Ansprüchen.

Man sollte es endlich merken: Eine hochkomplexe Technik kann nicht mit Affekten gesteuert werden – diese führen meist zu unvernünftigen Lösungen. Die geistige Situation in unserem Lande ist aber bestimmt durch einen enormen Realitätsverlust.

Während man beispielsweise in Tarifverhandlungen um ein Prozent des Wohlstandes beinahe Bürgerkriege führt, werden in intellektuellen Zirkeln Zukunftsentwürfe gehandelt, die unseren materiellen Wohlstand auf winzige Bruchteile des Gegenwärtigen reduzieren würden.

Der verlorene Leistungswille

Unser Volk war einst bekannt durch seinen Leistungswillen. Das »Wirtschaftswunder«, die internationale Patentbilanz und die Statistik der Nobelpreise zeigten übereinstimmend: Die Deutschen leisten mehr als andere!
Aber durch die Modernität wurde diese Tradition hoher Leistung zerstört: Die Arbeitszeiten sind bei uns jetzt kürzer als bei unseren Konkurrenten, die Patentbilanz wurde negativ und Nobelpreise kriegen wir kaum mehr.
Daß wir trotzdem auch jetzt noch ganz gut leben können, beruht mehr auf den einst erbrachten Leistungen unserer Vorfahren als auf unseren gegenwärtigen Leistungen.
Wir leben jetzt wie ein leichtsinniger Playboy von einem Erbe, das rasch zu Ende geht.
Nach dem Zusammenbruch Deutschlands im Jahre 1945 dauerte es nur kurze Zeit, bis aus den Ruinen wieder ein blühendes Land wurde, dessen industrielle Produktion quantitativ und qualitativ weltweit führend war.
Man sprach damals viel vom »Wirtschaftswunder«.
Wer diese Zeit bewußt miterlebt hat, der weiß, daß damals gar kein Wunder geschah, vielmehr unser Volk von einem starken Willen beseelt war, durch außerordentliche Leistungen und Kreativität seinen Wohlstand wieder aufzubauen.
Aber zwischenzeitlich hat sich da vieles verändert. Extremes Signal dieser Veränderung ist die gestellte Frage (B. Nussbaum), ob das Land des Wirtschaftswunders jetzt zum kranken Manne Europas werde.

Man sollte diese Frage nicht auf die leichte Schulter nehmen, man sollte sie auch nicht mit falschen Ursachen, beispielsweise der Ölpreisexplosion, entschuldigen. Ich bin überzeugt davon, daß die Ursache vorwiegend im geistigen Bereich liegt:

Das Wirtschaftswunder wuchs aus einem starken Leistungswillen, aber durch weltfremde Illusionen werden wir zum kranken Mann!

Es gibt viele – mehr oder weniger zusammenhängende – Gründe für den Verlust des Leistungswillens. Viele davon hat H. D. Ortlieb in seinem Buche »Führungslos in die Playboy-Gesellschaft« (J. P. Bachem, Köln 1974) beschrieben.
Zweifel an der Leistungsgesellschaft kamen mit der Studentenrevolte (Ende der sechziger Jahre) auf, sie wurden verbreitet von Twens und Teenagern aus reichen Elternhäusern ohne jegliche praktische Erfahrungen, die sich ein Bild unserer Welt zusammenlasen und zusammendachten.
Während die Völker des Ostens und Südens immer noch begehrlich auf unseren hohen Wohlstand blickten, schwand dessen Ansehen bei uns immer mehr – man lebte wie in Alices Wunderland ohne die Fähigkeit zur Leistung und Einhaltung von Spielregeln – »Selbstverwirklichung« wurde alles

»womit zum obersten Ziel gesetzt wird, daß jeder das Recht habe, seine Wesensart voll auszuleben. Das Leitbild wird damit ... der Playboy in allen seinen möglichen Abarten ...«

E. Noelle-Neumann stellt in ihrem Buche »Werden wir alle Proletarier?« (Edition Interfrom Zürich 1978) fest:

»... im geistigen Bereich der Einstellungen, Wertvorstellungen vollzieht sich ... eine Anpassung an Unterschichtsmentalität, den bürgerlichen Werten entgegengesetzte Haltung: Arbeitsunlust, Ausweichen vor Anstrengung, auch der Anstrengung des Risikos, statt langfristiger Zielspannung unmittelbare Befriedigung, Egalitätsstreben, Zweifel an der Gerechtigkeit der Belohnungen, Statusfatalismus, das heißt Zweifel an der Möglichkeit, durch Anstrengung den eigenen Status zu verbessern.«

Viele vergaßen die banale Tatsache, daß keine Gesellschaft jemals mehr geben kann, als sie leistet: Vor jeder Forderung an die Gesellschaft muß die Leistung für die Gesellschaft kommen.

Viele aktuelle Probleme – wie soziale Sicherheit, Gesundheitsfürsorge, Umweltschutz – können ohne angemessene Leistungen nicht gelöst werden.

Die vieldiskutierten »Grenzen des Wachstums« wurden oft so mißinterpretiert: Wenn es kein Wachstum mehr geben darf, dann – so meinen viele – braucht man auch keine Leistungen mehr, dann ist der – durch natürliche Faulheit und demagogische Verführung nahegelegte – Weg in die Playboy-Gesellschaft gerechtfertigt.

Daß solche dummen Irrtümer sich ausbreiten konnten, hängt damit zusammen, daß die öffentlichen Auseinandersetzungen kaum mehr durch unsere existentiellen Belange bestimmt werden – vielmehr durch Illusionen vom grünen Tisch.

Der Wohlstand unseres Landes beruht *nicht* auf der angeblichen »Ausbeutung« anderer Länder, sondern auf erbrachten Leistungen – in Jahrhunderten erbrachten Leistungen.

Unser zukünftiger Wohlstand hängt davon ab, ob wir auch in Zukunft so kreativ sind.

Die »Weltwerkstatt«

Zeichnet man auf dem Globus die Industrieanlagen ein, dann findet man vier dichtmarkierte Bereiche:

Mitteleuropa von England über Deutschland
 bis Norditalien
Die Ostküste der USA

Die Westküste der USA – und
Japan samt Teile von Südostasien.

Diese vier Bereiche sind gewissermaßen »Weltwerkstätten« – sie erzeugen Industrieprodukte für die übrige Welt. Für diese Weltwerkstätten empfiehlt sich der Grundsatz: Maximale Wertschöpfung bei minimalem Ressourcenverbrauch.
Dieses Organisationsprinzip findet seine Rechtfertigung nicht nur in den ökonomischen Bedingungen der dichtbesiedelten, ressourcenarmen Länder, sondern auch in der Rücksicht auf ihre Umwelt.
Alle Realisierungen dieses Organisationsprinzips führen auf komplexe, intelligente Produktionen, zu denen der Beitrag von Materie und Energie gering, der Beitrag der Information, des Know-how, jedoch groß ist.
Typisch hierfür ist u.a. die moderne Informationstechnik: Zur Herstellung ihrer winzigen Chips oder haardünnen Glasfasern braucht man nicht viel Material und Energie, aber viel Sachverstand. Ähnliches gilt für viele andere hochwertige Produktionen, z. B. der Chemie, der Pharmazie, des Maschinenbaus usw.
Aber auch noch ein ganz anderer Bereich industrieller Produktion fällt hierunter: Die Technik des Recycling, der Gewinnung wertvoller Rohstoffe oder Produkte aus Abfällen.
Diese Technik hat angesichts der »Grenzen des Wachstums« eine ganz besondere Bedeutung: Wo mit begrenzten Mengen natürlicher Ressourcen immer neue Bedürfnisse befriedigt werden sollen, müssen die anfallenden Abfälle immer wieder erneut der Produktion zugeführt werden.
Wir müssen konkret und sachverständig *die* Probleme anpacken, die vor uns liegen und die wir lösen können.
Hierzu habe ich (in dem Buch »Die rechte Zukunft«) das Leitbild »Weltwerkstatt« vorgestellt, das durch diese drei Überlegungen bestimmt ist:

- Erstens, daß wir in einer Welt mit immer schärfer werdender industrieller Konkurrenz, Terrorismus, Krisen und militärischen Auseinandersetzungen leben müssen,
- zweitens, daß es auch in Zukunft trotz aller Krisen und Auseinandersetzungen einen internationalen Austausch von Ressourcen und Produkten geben wird – und
- drittens, daß unser Land arm an natürlichen Ressourcen, aber reich an wissenschaftlich-technischer Kreativität ist und nichts als diese in den internationalen Austausch einbringen kann, um die uns fehlenden natürlichen Ressourcen zu erwerben.

Aber man mache sich hierüber keine Illusionen: Eine Jugend, die mit dem Rauschgift der Visionen aufgewachsen ist, wird nicht willig – und wohl erst nach schwerem Leidensdruck – das Schwarzbrot realistischer Leitbilder annehmen.
Was ist der Sinn eines solchen Leitbildes?
Ich meine dies: Die vielerlei Aktivitäten unseres Staates und unserer Wirtschaft orientieren sich mit Hilfe eines solchen Leitbildes an einer klaren gemeinsamen Absicht und werden dadurch besser miteinander verträglich, in die zeitliche Abfolge politischen und wirtschaftlichen Handelns kommt mehr Kontinuität.
Das Leitbild Weltwerkstatt könnte auch für das Bildungswesen Signalwirkung haben – beispielsweise zur Orientierung unseres Ausbildungssystems an den Bedingungen unserer Existenz.

Entdeckungen und Erfindungen

Mißt man Politik daran, wie sie gegebene Chancen nutzt und drohende Gefahren meidet, dann muß man der deutschen Politik während der letzten hundert Jahre ein schlechtes Zeugnis ausstellen: Sie ist blindlings in schreckliche Gefahren hineingelaufen – hat aber bestehende Chancen nicht genutzt.

Die Chancen unseres dichtbesiedelten und rohstoffarmen Landes liegen in der Nutzung seiner Kraft zu Entdeckungen und Erfindungen!

Wer Existenz und Wohlfahrt unseres Volkes mit anderen Mitteln politisch sichern und mehren will, startet politische Abenteuer mit hohen Risiken. Laßt uns deshalb unsere Chance nutzen, aus Entdeckungen und Erfindungen das Beste zu machen!
Aber leider sieht es hiermit schlecht aus: Da will eine aggressive Minderheit »Alternativen« erzwingen, die sich vielleicht ein Krösus auf einer Südseeinsel leisten kann – und die zuständige Politik kommt vor lauter Krisenmanagement nicht zu einer erfolgreichen Langfrist-Strategie.
Zusätzliche Verwirrung erzeugt die Ölpreisexplosion. Da wollen uns nun manche einreden, die schlechte Situation unserer Volkswirtschaft sei nur deren Folge.
Aber dies ist kaum die halbe Wahrheit.
Mit der Ölpreisexplosion hat es beispielsweise gar nichts zu tun, wenn auf unseren Straßen immer mehr ausländische Autos und Motorräder fahren und unsere Industrie auf dem Weltmarkt gegen die Konkurrenz ausländischer Rundfunk- und Fernsehgeräte, Computer und Digitaluhren, Film- und Fotogeräte nicht mehr ankommt.
Wovon sollen denn die vielen Menschen unseres rohstoff-

armen Landes leben, wenn wir in der internationalen Konkurrenz immer weiter zurückfallen?

Es ist ja tatsächlich zu fürchten, daß wir noch weiter zurückfallen werden: Der Nährboden für wissenschaftlich-technische Erfolge wurde gröblich vernachlässigt – vielfach sogar zerstört. Solche Veränderungen in den geistigen Grundlagen wirken sich erst mit großer zeitlicher Verzögerung in der technischen Konkurrenzfähigkeit aus – sind dann aber nicht mehr rückwirkend zu korrigieren.

Aber nicht nur das Absinken des geistigen Potentials ist gefährlich, sondern auch die Lähmung unserer Technostruktur durch Bürokratie und hysterisches Mißtrauen.

Einst – vor allem zu Zeiten des Wirtschaftswunders – hatte Erfolg, wer mit minimalem Aufwand die besten Produkte herstellte. Aber gegenwärtig kommt es vor allem auf das raffinierte Hindurchwinden durch bürokratische Irrgärten an. Wer den Erfolg der Weltwerkstatt will – beispielsweise um die Arbeitslosigkeit zu mindern und das soziale Netz zu erhalten – der muß wieder den Zustand herstellen, bei dem sich die beste Leistung durchsetzt – nicht die raffinierteste Steuererklärung oder der virtuoseste Schriftsatz.

Ähnlich hemmend wie die wuchernde Bürokratie wirken auch viele Bürgerinitiativen, die hohe Milliardenbeträge für Investitionen blockieren. Zugegeben: Manche Bürgerinitiative ist wohlbegründeter Ausdruck besorgter Mitbürger – aber viele Bürgerinitiativen entspringen auch dem puren Eigennutz oder gar Zerstörungswillen. Wo ist der Politiker, wo sind die Institutionen, welche die Belange unserer res publica gegen Eigennutz und Zerstörungswillen verteidigen?

Das ständige Nachgeben unserer rechtmäßigen politischen Instanzen vor dem Geschrei der Straße zerstört nicht nur die Glaubwürdigkeit unserer Staatsordnung, sondern auch die Wirksamkeit unserer Technostruktur.

Plädoyer für Selbständigkeit

Eine freiheitliche Wirtschaft mit Selbständigen ist effizienter, kreativer und krisensicherer als eine zentralgesteuerte Wirtschaft.
Vergleichen wir beispielsweise die ökonomischen Leistungen der Bundesrepublik Deutschland mit denen der DDR – wo es ja etwa dieselben Menschen wie hier, aber kaum noch Selbständige gibt: Dieser naheliegende Vergleich zeigt uns, daß eine freiheitliche Wirtschaft mit Selbständigen zur Lösung unserer zukünftigen Probleme viel wirksamer ist.

Kollektivistische Systeme mögen überlegen sein bei der Mobilisierung großer Mengen von Menschen und Material – aber sie sind regelmäßig unterlegen dort, wo es um die beste Organisation komplexer technischer, wirtschaftlicher oder politischer Systeme geht.
So gibt es keinen Zweifel daran, daß kollektivistische Systeme für dieselbe Produktionsmenge mehr menschliche Anstrengung, mehr Material und mehr Energie brauchen – und auch entsprechend mehr Schmutz in die Umwelt emittieren.
Trotz dieser offensichtlichen Vorteile einer freien Wirtschaft wollen uns aber manche Politiker heimlich kollektivistische Fesseln anlegen.
Erinnert sei beispielsweise an Forderungen nach Investitionskontrollen, Verstaatlichung weiterer Wirtschaftsbereiche und das Ziel, einen möglichst großen Teil des Sozialprodukts staatlich zu verwalten. (»Demokratisierung« der Entscheidungsprozesse in der Wirtschaft.)
Zu warnen ist vor allem vor der Vermutung, Freiheit im Privaten und Freiheit in der Wirtschaft seien zwei voneinander abtrennbare Tatbestände: Nein, wirtschaftliche und private Freiheit hängen untrennbar zusammen.

Unsere politische Freiheit wäre illusorisch, wenn wir wirtschaftlich von einer Funktionärskaste abhingen.
Wenn die wirtschaftlichen Abhängigkeiten nicht (wie hier und jetzt) an eine Vielzahl verschieden denkender und toleranter Menschen gebunden wären, sondern an eine ideologisch gebündelte Bürokratie, dann würden bald auch die politischen Meinungen durch diese Bürokratie gesteuert werden.
Zu warnen ist auch vor der Vermutung, Freiheit sei dort, wo alle gleich sind.
Nein: Freiheit ist eben nicht dort, wo alle gleich sind, sondern dort, wo Ungleichheit möglich ist.
Ungleichheit ist notwendige Voraussetzung gegenseitiger Konkurrenz und damit des Fortschritts. Glaube niemand, wir könnten die Zukunft ohne große Leistungen und damit ohne Konkurrenz erfolgreich meistern!
Daß die gewaltsam hergestellte Gleichheit schließlich allen schadet, also höchst unsozial ist, zeigt die Tatsache, daß überall dort, wo Gleichheit erzwungen wurde, Kreativität, Leistungswille und schließlich der allgemeine Wohlstand abnahmen und auch heute noch abnehmen.
Das Problem des Kollektivismus ist: Wie kann man das Risiko geringer Leistung beseitigen und trotzdem den Leistungswillen erhalten?
Dies ist für alle Zukunft unlösbar und deshalb wird der Kollektivismus immer unterlegen sein bei der Erzeugung von Kreativität, Leistung und Wohlstand.

Deutsche Identität heute

Wir leben anscheinend in einer Zeit der Umwertung aller Werte und der Abschaffung aller kulturellen Festpunkte. Was bedeutet es in einer solchen Zeit, Deutscher zu sein? Sind wir als Deutsche nur verantwortlich für Hitler und seine Schandtaten – oder gibt es auch noch etwas anderes, das deutsche Identität in unserer Zeit begründet?
(Meine folgenden Überlegungen fassen kurz einiges zusammen, was in dem Büchlein »Deutsche Identität heute«, Verlag v. Hase & Koehler, 1983, aufgrund einer Veranstaltung des »Studienzentrums Weikersheim« berichtet wurde.)
Da sagte Professor Dr. M. Stürmer:

> *»Begriff und Wirklichkeit der Staatsnation haben noch nicht zur Deckung gefunden... Die SED zielt, nachdem sie sich ein kurzes Jahrzehnt den Abschied von Deutschland gegönnt hatte, wieder – wie in den ersten Nachkriegsjahren – auf das ›Neue, das Sozialistische Deutschland‹ – wie Honekker in seiner Marx-Feierrede hinzuzufügen nicht vergaß.«*

Im öffentlichen Bewußtsein der Bundesrepublik Deutschland sieht es ganz anders aus:

> *»Je weniger historische Erinnerung, desto besser. Alles Schöne gehörte der Zukunft, alles Häßliche der Vergangenheit an. Sollten die Toten ihre Toten begraben. Mit gut genährten GIs und Care-Paketen kam aus Amerika die Botschaft, daß moderne Sozialtechnologie die Geschichte heilen könne, daß die Soziologie die neue Theologie sei, und daß ihr Gott der mächtigste von allen sei...«*
> *»Die Verankerungen, die Zukunft und Vergangenheit verbinden, müssen geprüft und neu befestigt werden. Denn ein*

Gemeinwesen, das sich von seiner Geschichte abschneidet, wird im Bewußtsein seiner Bürger nicht überdauern. Ebenso wie die Bibel lehrt die neuere Geschichte bestätigt: Der Mensch lebt nicht vom Brot allein.«

Lassen Sie mich hierzu noch Professor Dr. Bernard Willms zitieren, vor allem seine sieben Todsünden gegen die deutsche Identität:

1. die freiwillige Schuldhaft oder der politische Selbsthaß
2. die Vermoralisierung der Politik oder die politische Selbstüberforderung (A. Gehlen)
3. Die Verabsolutierung der liberalen Demokratie oder der Verzicht auf nationale Selbstbesinnung
4. die Servilität gegenüber den Siegern von 1945 oder der Ausverkauf der Selbstbewahrung
5. die Anerkennung der Teilung oder der Verzicht auf Selbstbewußtsein
6. Pazifizierung der Politik oder der Verzicht auf entschlossene Selbstbehauptung
7. die Kultivierung der Angst oder der Verzicht auf Selbstbewußtsein.

Aus seinen sieben Imperativen seien nur folgende herausgegriffen:

»Die Deutschen müssen erkennen, daß die Trennung von Politik und Moral auch eine Errungenschaft war. Sie müssen dem Kaiser geben, was des Kaisers ist, und ihre politische Sympathie für diejenigen aufsparen, die ›ihr Vaterland mehr lieben als ihre private Moral‹. Es muß erkannt werden, daß auch in der Friedenssehnsucht die politische Selbstbehauptung als Kampf um Identität vorausgesetzt bleiben muß. Die Deutschen, die an einer ›Friedensbewegung‹ arbeiten, müssen diese zu einer ›Bewegung für einen Friedensvertrag‹ machen. Laßt das Denken nicht von Angst bestimmt sein und schon gar nicht in der Politik. Angst frißt die Identität auf.«

Stolz auf unser bürgerliches System

Ich möchte schließlich zum Stolz auf unser bürgerliches System und seine enormen Leistungen aufrufen und deutlich feststellen, daß dieses bürgerliche System – mit all seinen inneren Widersprüchen – der beste Entwurf zur Meisterung einer gefährlichen Zukunft ist.

Bürgerliches Selbstbewußtsein muß sich bewußt stellen gegen den Gleichheitswahn, der nicht zur Kenntnis nimmt, daß die Menschen weder in ihren Ansprüchen, noch in ihren Leistungen gleich sind. Wir müssen das Recht auf Ungleichheit entschlossen gegen den Unverstand verteidigen.

Wir sollten wieder stolz sein auf erbrachte Leistungen und uns nicht einreden lassen, der Wohlstand unseres Landes beruhe auf der Ausbeutung anderer. Nein: Der Wohlstand unseres Landes beruht auf selbsterbrachten Leistungen.

Wir sollten uns wieder bekennen zur Autorität, die durch Leistung begründet ist: Wer gute Arbeit leistet, dessen Wort hat Gewicht.

Bürgerliches Selbstbewußtsein muß sich wenden gegen die Zerstörung der Selbständigkeit – im wirtschaftlichen wie im geistigen Bereich. Selbständigkeit ist die beste Sicherung gegen unbekannte Gefahren und zugleich Voraussetzung zukünftiger Kreativität.

Bürgerliches Selbstbewußtsein braucht vor allem den Optimismus, daß es den Problemen der Zukunft auch gewachsen ist.

Wir sollten die Resignation überwinden, »so oder so wird unsere Erde rot«. Nach dem Scheitern der Visionen und den Verheerungen durch den Zukunftspessimismus sollten wir die Überlegenheit unserer bürgerlichen Ordnung über alle ihre Konkurrenten feststellen, den rechten Kurs suchen und an unsere Kraft zur Meisterung zukünftiger Probleme glauben.

Des Menschen Angewiesensein auf Vertrauen und Glauben*

Die Fähigkeit des Menschen, seine Welt zu verstehen, hat zwei grundsätzlich verschiedene Grenzen: eine qualitative und eine quantitative.
Betrachten wir zuerst die qualitative Grenze seiner Verstehensmöglichkeit! Naturwissenschaftliche oder geschichtliche Erfahrungen stammen immer aus der Welt, von der unsere Sinne melden. Dabei stoßen wir – sicher im naturwissenschaftlichen Bereich – auf die erstaunliche Tatsache, daß Erscheinungen nicht regellos auftreten, sondern mit der eindrucksvollen Gesetzmäßigkeit, die Gegenstand naturwissenschaftlicher Theorie ist. Hier ist Ordnung und nicht Chaos!
Aber wir können diese erstaunliche Gesetzmäßigkeit nicht auf einen sinnlich wahrnehmbaren Gesetzgeber zurückführen. Wir erkennen, daß hier eine Ordnung ist, deren Herkunft wir nicht kennen.
Hier *muß* eine unsere sinnlich wahrnehmbare Welt übersteigende Instanz wirksam sein.
Am Ende naturwissenschaftlichen Denkens steht die Einsicht, in die Unzulänglichkeit des Menschen und der Glaube an eine Instanz, welche höher ist als alle menschliche Vernunft.
Aber da ist auch noch eine ganz andere, eine quantitative Grenze menschlichen Verstehens: Das menschliche Bewußtsein ist der Komplexität seiner Welt nicht gewachsen. Dies wurde in Abschnitt 9 ausführlich dargestellt.
Unser Wissen ist Stückwerk. Wer absolute Aussagen macht, beweist vor allem sein Unverständnis der Unzulänglichkeit des Menschen.
Diese ist letztlich die Ursache dafür, daß der Mensch in der

---

* Auszug aus einem Vortrag, den der Verfasser am 1. 3. 1985 auf der Delegiertenkonferenz der Evangelischen Sammlung Berlin gehalten hat.

Informationsgesellschaft nicht an einem Mangel an Information leidet, sondern am Gegenteil: Einer Überschwemmung mit Informationen, die er weder intellektuell noch emotional verarbeiten kann. Er wird Opfer der Verstehensillusion und möglicherweise zum »Ein-Minuten-Experten«: Der marginale Bemerkungen über ein Problem in den Massenmedien vernommen hat und sich danach für kompetent hält, die indoktrinierten Meinungen mit dem Selbstbewußtsein und der Eindeutigkeit zu vertreten, wie sie Fachleute sich nicht zutrauen würden.

Die informationelle Unzulänglichkeit des Menschen – die mit der Härte naturwissenschaftlicher Tatsachen festgestellt werden kann – beweist das Angewiesensein des Menschen auf Überlieferung, auf Vertrauen und Glauben.

Hieraus ergibt sich eine Skepsis gegen die Aufklärungsideologie, die meint, sie könne die Existenz des Menschen vollständig auf ein Geflecht von Ursachen und Wirkungen stellen.

Versuchte ein Mensch, sein Denken und Verhalten ständig vollständig auf ein bewußtes Geflecht von Ursachen und Wirkungen zu stellen, versuchte er also jede unbewußte Übernahme fremden Denkens und Verhaltens zu vermeiden, dann würde er zum denk- und verhaltensunfähigen Monstrum. Wenn wir menschlich zusammenleben wollen, dann *müssen* wir fremden Erfahrungen folgen, auch wenn sie nicht in ein Schema von Ursache und Wirkung zu bringen sind.

Aber es zeigen sich nicht nur quantitative, sondern auch qualitative Defizite: »Aufgeklärtes« Denken brachte uns nicht das geringste Verständnis des Menschlichen, wie Geburt und Tod, Ästhetik und Sinn des Lebens. »Aufgeklärt« meint man zwar frei zu sein, aber man ist zugleich verlassen, die inneren und äußeren Spannungen werden unerträglich: Warum habe ich nicht mehr Geld, Macht, Ansehen?

Nicht nur subjektiv sind die Folgen des scheinbar aufgeklärten Denkens unerträglich, sondern auch sozial: Vor den ungelösten gemeinsamen Problemen entwickelt sich keine Solidarität zur gemeinsamen Lösung dieser Probleme, vielmehr gegenseitiges Mißtrauen, Haß und Neid.

Aber »aufgeklärtes« Denken ist auch immer unvollständig: Versucht man das Spiel mit Ursache und Wirkung zu Ende zu spielen, dann gerät man auf einen endlosen Weg immer neuer Begründungen, ohne jemals einen endgültigen Bezugspunkt zu finden.

So muß schließlich jeder Mensch – jeder denkende Mensch! – irgendwo das aufgeben, was man als »Rationalität« versteht und sich etwas anvertrauen, was »nur« Glaube ist.

Wir stehen heute vor dem Zwang, Unverstandenes zu glauben, wir stehen an den Grenzen der Aufklärung.

Dies zeigen vor allem die grauenhaften Mißerfolge angeblich »wissenschaftlicher« Ideologien bei ihren Versuchen, menschliche Probleme gewaltsam zu lösen.

Hier erweist sich, wie komplex und sensibel die menschliche Existenz, das soziale Zusammenleben und die menschliche Kultur sind. Keine dieser Ideologien fand die Formel, die sagt, was »gut« und was »böse« ist.

Mit diesen Überlegungen wollte ich begründen, weshalb der Mensch zwingend auf Glauben angewiesen ist – wobei es zunächst offen bleibt, welcher Art dieser Glaube ist.

Ich möchte darüber hinaus meine Überzeugung aussprechen, daß es hier und jetzt kein besseres Angebot gibt als den christlichen Glauben und daß wir auf eine Zukunft mit dem Christentum hoffen sollten.

Diese unsere Kultur ist durch und durch christlich. Nicht nur ist unsere Jahreseinteilung durch die christliche Tradition bestimmt, und nicht nur sind unsere Dörfer und Städte um Kirchen herum gebaut, die christliche Tradition bestimmt auch unser Denken, Sprechen und Verhalten, und ohne sie wären unser Denken, Sprechen und Verhalten nicht mehr die unsrigen.

Zwar hat sich unsere Welt und haben sich ihre Probleme gründlich verändert und müssen mit neuem Wissen und neuen Entwürfen angegangen werden, aber dort, wo es um die Grundlagen der menschlichen Existenz geht, um ethische Orientierungen und das menschliche Selbstverständnis, da sollte man sich – in kritischer und aufgeklärter Autonomie – zu dem entschließen, wozu sich auch der verlorene Sohn nach schweren Erfahrungen entschloß:

»Ich will mich aufmachen und zu meinem Vater gehen.«

Paul Eddy / Magnus Linklater / Peter Gillmann

FALKLAND

Der Krieg vor den Toren der Antarktis

Herausgegeben und eingeleitet von Prof. Dr. Jürgen Rohwer
Aus dem Englischen übertragen von Dr. Friedrich Forstmeier
408 Seiten mit 13 Karten und Graphiken, mit 55 Abbildungen
und einem Register, Format 16 × 24 cm, gebunden.

Das Sunday Times Insight Team, Top-Team der Fleet Street, bekannt durch seinen erstklassigen, wissenschaftlich nachforschenden Journalismus, hat mit Unterstützung von acht Spitzenreportern sowie von Spezialkorrespondenten diesen packenden Kriegsbericht geschrieben.

Ausführlich, objektiv, ja kritisch gegenüber dem Verhalten der englischen Diplomatie und Politik schildern die Autoren die historischen Vorspiele des britisch-argentinischen Konflikts, die zu der entscheidenden Zuspitzung um die Falkland-Inseln und schließlich zum Kriegsausbruch führten, und verfolgen dann mit kriminellem Spürsinn die militärischen Operationen.

Mit seinen atemberaubenden, hochinformativen Schilderungen, durchsetzt mit Passagen knallharter Handlung, ist das Buch aufgebaut nach den Methoden moderner Filmdramaturgie, die mit Rückblenden und plötzlichen Schnitten arbeitet und so die vielfältigen Aspekte des Geschehens zur Geltung bringt. Im Gesamtkontext wird auch der wissenschaftlich-strategische Hintergrund nicht vergessen.

Die zahlreichen Abbildungen und Karten tragen zusätzlich zur Veranschaulichung bei.

BUSSE SEEWALD HERFORD